H **行业战略·管理·运营书系**

本书系作者在对外经济贸易大学博士后研究工作的主要研究成果，感谢北京联合大学学术著作出版基金、国家社会科学基金重点项目（13AZD002）与大信审计教育研究基金对本研究的资助

资产评估操纵的影响因素及经济后果

■ 崔婧　著

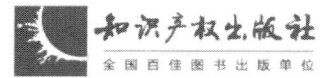

知识产权出版社

全国百佳图书出版单位

图书在版编目（CIP）数据

资产评估操纵的影响因素及经济后果／崔婧著. —北京：知识产权出版社，
2016. 9

ISBN 978 - 7 - 5130 - 4495 - 0

Ⅰ.①资… Ⅱ.①崔… Ⅲ.① 资产评估—研究—中国

Ⅳ.① F123.7

中国版本图书馆 CIP 数据核字（2016）第 233707 号

内容提要

《资产评估操纵的影响因素及经济后果》一书主要关注了资产收购关联交易中的资产定价问题，以往的研究发现在资产收购关联交易中存在大股东与资产评估机构合谋影响交易定价的问题。本书针对此问题展开深入分析，包括资产评估操纵行为的现状、大股东动机、影响因素及经济后果。希望本书的研究能够为规范资产收购关联交易定价、促进资产评估行业的健康发展提供一些借鉴。

本书适合相关专业硕士研究生、博士研究生，以及其他从事相关研究的人员和感兴趣的读者参考、阅读！

责任编辑：荆成恭　　　　　　　　责任出版：卢运霞

封面设计：刘　伟

资产评估操纵的影响因素及经济后果

崔婧　著

出版发行：**知识产权出版社** 有限责任公司		网　　址：http://www.ipph.cn	
社　　址：北京市海淀区西外太平庄55号		邮　　编：100081	
责编电话：010-82000860 转 8341		责编邮箱：jcggxj219@163.com	
发行电话：010-82000860 转 8101/8102		传　　真：010-82005070/82000893/82000270	
印　　刷：北京中献拓方科技发展有限公司		经　　销：各大网上书店、新华书店及相关专业书店	
开　　本：720 mm×1000 mm　1/16		印　　张：11.25	
版　　次：2016年9月第1版		印　　次：2016年9月第1次印刷	
字　　数：180千字		定　　价：36.00元	

ISBN 978 - 7 - 5130 - 4495 - 0

序

近年来，我国资本市场的并购重组可谓风起云涌，并购重组已成为提升上市公司质量、改善产业结构、资源优化配置的主要手段。截至2016年6月底，我国的很多产业存在产能过剩、库存过多等问题，但是也同时面临着高端产业需求旺盛，供给无法满足的现状。为改善这些制约产业发展的因素，我国大力推进供给侧结构性改革，通过并购重组，整合过剩产能、满足高端需求，进而促使我国的资本市场更好地发挥作用，助推经济转型和结构调整。

随着并购重组的不断开展，并购重组中的不合理定价行为也得到了各方面的关注。并购重组标的物估值缺少合理依据、关联交易作价不公允、评估方法使用自由裁定空间大、评估机构的独立性不够等问题被频频曝出，严重损害了中小投资者的利益。特别是资产评估机构和上市公司合谋操纵标的资产价格的事件，对资本市场的发展产生了极大的负面影响。所以，对此问题展开深入的研究能为规范我国资本市场的并购重组行为和资产评估行业发展提供很好的借鉴和参考。

国内外学者对并购重组中资产价值评估方面的研究，主要集中在对资产评估增值情况、资产价值重估、资产评估方法的运用、资产评估结果与交易定价的关系分析上，鲜有将资产收购关联交易为样本，对资产评估机构和上市公司大股东合谋进行资产评估结果操纵的系统性研究成果，崔婧博士的专著《资产评估操纵的影响因素及经济后果》是对上述研究的补充和拓展，具有创新性。该专著针对资产收购关联交易，研究了资产收购关联交易中大股东操纵资产评估结果的动机、影响因素和经济后果，并提出了相应的对策及建议。

崔婧博士在攻读博士学位期间就开始针对资本市场并购重组、资产定价领域进行研究，具有扎实的理论功底和深厚的研究基础。本书是崔婧博士在对外经济贸易大学国际商学院进行博士后研究工作的主要研究成果，为此她花费了大量精力搜集资产收购关联交易中资产评估的数据，并进行了多项实证研究，取得了令人信服的研究结论，具有较高的研究价值和应用价值。

是为序。

对外经济贸易大学教授、博士生导师　叶陈刚

2016 年 5 月

2

前　言

　　随着现代市场经济的不断发展，资产评估作为合理确定资产价值的专业服务应运而生。我国的资产评估业诞生于20世纪80年代末期，从产生之初的探索到现在逐渐走向成熟，在短短二十几年间，资产评估已经在我国企业改制、产权转让、破产清算、上市、资产重组、资产抵押、资产租赁以及财产保险、财产纳税等重大经济活动中扮演着非常重要的作用，为我国资本市场的健康发展奠定了一定的基础。

　　近几年，随着我国国企改革的不断深入及证券市场的发展，企业间的产权转让、兼并收购等产权交易活动日趋活跃，交易的形式多种多样，涉及金额也越来越大。并购重组已经成为我国产业结构的战略调整工具，为上市公司的健康发展和社会资源的优化配置提供了有效途径。在并购重组已经成为资本市场产权交易的一个主旋律之际，如何客观公正地衡量并购重组中企业的价值成为影响交易成功与否的关键。作为评价企业价值的资产评估工作已成为确定正当交易价格的基础，其地位变得越来越重要，是产权交易中必不可少的一环。资产评估的定价作用不断凸显，社会对整个评估行业的关注度越来越高，这既给资产评估工作的独立第三方——评估机构和评估人员带来了新的机遇，也使他们面临更大的挑战。

我国作为世界上最大的新兴经济体，其市场经济不够发达、证券市场监管体系不够完善、市场体制不够健全。我国上市公司的治理结构与西方国家相比也具有一定的特殊性，主要体现在我国上市公司的股权结构较集中，治理结构还不够完善，上市公司中普遍存在着企业集团和众多的关联企业，这些企业之间的关联交易存在着很多问题，尤其是当大股东作为交易者参与并购交易时，他们能够利用其对公司的控制权和影响力，使并购交易违背等价有偿的公开市场交易原则，使资源和利益在上市公司与大股东之间进行转移和输送。在此类交易中，大股东有更大的动机和机会通过对资产评估结果的操纵来实现其目的。早前的研究已经关注了资产收购关联交易中标的资产的定价问题，发现上市公司的资产收购关联交易中存在交易定价不公允的情况。因此，针对资产收购关联交易中的资产评估操纵问题进行深入的分析具有重要的理论和现实意义。

以往对大股东操纵资产评估结果的研究并不多，更多的研究基于大股东掏空和支持的事实，来分析对公司价值和股东财富的影响，并未对大股东掏空和支持上市公司的实现途径——资产评估操纵给予更多的关注。基于此，本书对以下问题展开了思考：大股东为什么要操纵资产评估的结果？资产评估操纵是否为资产收购关联交易中大股东行为的实现渠道？资产评估操纵有哪些影响因素？评估结果操纵的经济后果（市场反应和对资本成本的影响）又怎样？

通过深入的理论分析和实证检验，得出以下的研究结论。

第一，资产评估操纵受多方面的影响。

将资产评估操纵的影响因素分为四类：大股东的操纵能力、大股东的操纵意愿、评估机构与方法和交易本身的特征，在分析的过程中还考虑了公司规模、成长性、产权性质、市场化水平、行业和年度等因素的影响。

通过实证检验发现：

①大股东的操纵能力越强，非正常评估增值率越高。即第一大股东持股比例越高，大股东拥有的控制权越大，他们能够在更大的程度上影响公司的行为，最终影响操纵的结果。

②大股东的操纵意愿对非正常评估增值率的影响分为两类：当公司的资产负债率较低时，大股东通过资产评估操纵来掏空上市公司的意愿较强，即在掏空的样本中，资产负债率与非正常评估增值率负相关；相反，当资产负债率较高时，大股东通过资产评估操纵来支持上市公司的意愿较强，即在支持的样本中，资产负债率与非正常评估增值率正相关。

③在不同评估方法的选择上，成本法和市场法与非正常评估增值率负相关，说明采用成本法和市场法进行的资产评估，能够在一定程度上减少大股东进行资产评估操纵的行为。

④交易标的物中固定资产比重与非正常评估增值率正相关，说明标的资产中固定资产越多、价值越大，大股东进行资产评估操纵的可能性越大。另外，采用现金支付方式的资产收购关联交易中，非正常评估增值率较低，即交易采用现金支付，能够降低大股东操纵评估结果的行为，但是采用股票支付方式在一定程度上提高了非正常评估增值率。

第二，资产评估操纵的存在会损害投资者的利益。

在资产评估操纵的经济后果考察中，本书首先采用资产评估报告公告日作为事件日，通过事件研究法来研究资产评估报告公布所引起的短期和长期市场反应，并得到了以下结论：

①在事件日前后较短的时间内，累计超额收益率发生了显著的变化，这说明资产评估结果的披露对有效市场来说是具有信息含量的。但是在资产评估报告公布前后，市场累计超额收益率的提高较短暂，在公布两天后这种影响不复存在，并且累计超额收益率降到 0 以下，也就是说，大股东的资产评估操纵行为总体上损害了投资者的利益；在后续的多元回归分析中，作者进一步发现资产评估操纵对累计超额收益率的影响，从而

分析其市场反应。在资产评估结果公告的前两天，市场已经对时间的发生有所预期，并做出了反应。在资产评估结果公告的当天，市场反应最为剧烈，并且超额收益率达到最大值。但是在［2，4］窗口，非正常评估增值率与累计超额收益率的关系变为负相关。也就是说，非正常评估增值率损害了投资者的利益。

②大股东掏空的上市公司产生了消极的市场反应，而大股东支持的上市公司为股东带来了超额收益。这种差异在资产评估结果公告后的两天逐渐消失，市场反应趋于平缓。由此可见，大股东掏空的样本中累计超额收益率显著低于支持样本，进而说明，掏空样本中，大股东操纵资产评估的行为损害投资者利益的程度更大。

第三，资产评估操纵会提高权益资本成本。

股份公司为获得权益融资需要发行股票，在此过程中需要付出一定的代价，这就是权益资本成本。股份公司的这种代价，是现有股东将资金投入公司而不能投向其他地方的一种机会成本，从股东的角度来说，权益资本成本是股东投资所要求的最低报酬率。在我国的上市公司中股权集中、一股独大的现象较为普遍，大股东往往直接参与企业战略决策和日常经营管理，他们是公司实际的经营管理者。根据信号传递理论，公司实际的经营管理者相比中小投资者具有信息优势。大股东与上市公司之间的资产收购关联交易中，他们通常具有动机和能力影响交易定价，以实现其掏空或支持上市公司的目的。

以大股东与上市公司之间的资产收购关联交易作为研究样本，实证检验了资产评估操纵对权益资本成本的影响。研究结果表明：在上市公司与大股东之间的资产收购关联交易中，权益资本成本与非正常评估增值率正相关，说明大股东对资产评估结果的操纵行为提高了权益资本成本，提高了上市公司获得资金的机会成本，也说明大股东的操纵行为提高了中小投资者的风险。

关于权益资本成本的分组研究中，掏空组的资产评估操纵与权益资本成本存在显著的正相关关系，表明大股东资产评估操纵程度越大，权益资本成本也越高，中小投资者的利益受到了一定的侵害。从支持组的结果来看，资产评估操纵对权益资本成本影响的符号为正，但不显著。也就是说当大股东出于支持上市公司的目的时，资产评估操纵会使资本成本降低，但是降低的结果并不明显。

第四，资产评估操纵会提高债务资本成本。

债务资本成本是企业通过负债融资所需付出的代价，债务资本成本的高低也表明企业在一定时间内，通过借款和发行债券获得资金的难易程度。以往的研究往往将关联交易视为大股东进行掏空的行为，上市公司的关联交易通常被外部的利益相关者视为消极信号，但是他们却很难了解到交易的真正目的，难以对交易实施监督和干预。因此，关联交易扩大了公司内部和外部之间的信息不对称。早前的研究证实资金的供求双方普遍存在信息不对称问题，上市公司存在侵害债权人利益的事实，例如，大股东通过关联交易等掏空上市公司、管理层过度在职消费等代理问题，使得上市公司外部融资成本增大，加大了债权人的风险。另外，相对投资者而言，债权人往往处于信息劣势，使得他们在利益分配上承担较大风险，债权人非常关注债权到期能否回收。因此，大股东对资产评估实施操纵，会加大信息不对称的程度，使债权人的利益很难得到保证。因此，大股东的控制权越大，越有动机进行资产评估操纵，进而带来较高的债务资本成本。

本书实证分析了资产评估操纵对债务资本成本的影响。结果表明，在资产收购关联交易中，权益资本成本与非正常评估增值率存在正相关关系，大股东操纵资产评估结果的行为，提高了债权人的成本。关于债务资本成本与非正常评估增值率的分组研究中，得到的结果不具有显著性。

综上所述，本书认为资产评估操纵受多方面因素的影响，这些因素分别来自大股东特征、上市公司、评估机构和交易本身特征。大股东操纵交易中标的资产定价的行为是其较高控制权的体现，较高的控制权也带来较高的信息不对称程度。通过对资产评估操纵的经济后果研究，我们发现不管大股东是出于掏空还是支持上市公司的目的进行的资产评估操纵行为，都损害了其他投资者和债权人的利益，提高了他们的成本，并使他们承受了较高的风险。因此，应该对大股东的这一行为进行规范。

本书研究成果的贡献主要有以下三个方面：

第一，前人对大股东行为的研究主要集中在考察并购重组交易公告的短期和长期市场反应，或者是对会计业绩的影响，进而确定大股东的行为是掏空还是支持，主要是对掏空和支持的结果的分析，但是大股东通过什么样的渠道实现掏空和支持，前人的研究较少。本书的研究立足于中国的特殊制度背景，因为中国的并购重组交易需要中介机构的参与来评估资产的价值，以此作为交易定价的基础，由此可见资产评估操纵在我国具有一定的特殊性。特别是对资产收购关联交易中资产评估操纵行为，前人的研究并未涉及。基于此，本书分析了在资产收购关联交易中资产评估操纵是否是大股东利益得以实现的渠道。

第二，前人对关联交易的研究，最大的关注点是大股东的掏空行为，但是这类研究不够全面，主要原因是大股东参与关联交易不完全出于掏空上市公司的目的。因此，本书对资产收购关联交易中大股东行为进行了划分，主要依据是关联交易中上市公司的交易地位和非正常评估增值率的正负方向，并以此为基础，分别考察了这种行为的经济后果。因此，本书的研究扩展了关联交易的大股东行为的相关文献。

第三，本书尝试分析了资产评估操纵对权益资本成本和债务资本成本的影响。资产评估操纵是大股东的行为体现，这种行为对中小投资者和债权人的利益也存在一定的影响，因此，本书的研究中对资本成本的分析，可以证实大股东的操纵行为对外部的利益相关者是否存在影响。

目　录

第一章　绪论

第一节　研究背景

随着我国社会主义市场经济的产生和发展,资产交易活动日益增多,交易目的日趋复杂多样, 交易定价的确定愈发困难。作为市场经济中不可或缺的基础性专业活动和公正性中介行业, 资产评估已成为我国资本市场中必不可少的一部分, 并在我国企业间的产权转让、资产重组、破产清算、资产抵押、财产保险、财产纳税、中外合资与合作、租赁、抵押等经济行为中扮演着非常重要的角色, 这给资产评估机构和资产评估师带来了新的机会, 但同时也使他们面临更大的挑战。

所谓资产评估就是依据相关法律、法规和执业准则的规定, 由具有执业资格的机构和人员来实施的资产评估活动。该活动服务于特定的行为和目的, 在评估的过程中应该遵照一定的原则, 按照程序性的规定和评估方法的参考, 通过分析和估算来确定资产价值。我国的资产评估业始于 1989 年, 当时我国与国外企业共同设立合资企业, 为合理确定我方投资入股资产的价值，需要通过资产评估来合理定价。为此，大连市国有资产管理部门承担了这项工作，对我方投资入股资产的价值进行了评估，这意味着我国资产评估业务的诞生。同年，我国出台了一项暂行规定要求在涉及国有资产产权变动的交易中，必须进行资产评估，以保证交易中国有资产免于流失，该暂行规定是我国首次在政府性文件中提及资产评估问题，自此开始，资产评估成为国有资产产权变动交易中必须进行的一项活动。这表明资产评估业开始进入萌芽期的发展阶段。

从 20 世纪 90 年代开始，我国的资产评估行业开始规范发展。1990 年 7 月，我国成立了专门的国家级中心对资产评估行业和资产评估项目进行管理。各省级管理部门也开始陆续成立评估中心，资产评估工作开始在全国范围内广泛开展，这标志着我国资产评估工作正式起步。1991 年《国有资产评估管理办法》发布，该办法对评估师开展资产评估工作的具体细节给予了明确的规定，为资产评估工作的规范和法制化发展开辟了道路。1993 年 12 月，中国资产评估师协会宣告成立，这对资产评估行业来说具有划时代的意义，因为这标志我国资产评估行业的管理模式发生了转变，即由政府直接实施管理逐步向行业自律性管理过渡。并且在 1995 年，我国的资产评估行业开始与世界接轨，加强了国际交流，中国资产评估协会也加入了国际资产评估准则委员会，成为正式会员。同年，资产评估师考试注册制度建立，对资产评估从业人员开始了规范化的管理。1996 年 5 月，我国又发布了《资产评估操作意见（试行）》，这标志着我国的资产评估行业标准进入了萌芽阶段，为今后行业标准的建立奠定了基础，以此为契机，资产评估行业在技术和方法的运用方面不断规范，开始走向科学发展之路。

进入 21 世纪，我国的资产评估行业的规范和法制化发展不断向前推进，特别是在行业的制度建设方面取得了实质性成果。2001 年 9 月 1 日，我国第一个针对资产评估业务的具体准则，即《资产评估准则——无形资产》颁布实施。这代表我国对资产评估准则重视程度的提高，对相关准则的颁布和实施提出了更高的要求。从此以后，我国的准则研究部门加强了相关研究，资产评估进入了更加规范和法制化发展的新阶段，在我国资产评估发展过程中具有重要的划时代意义。在以后的几年中，我国又陆续出台了资产评估基本准则和职业道德准则，不但对评估的具体技术进行了行业规范，而且对评估机构和人员的职业道德予以要求，这也说明我国的资产评估准则体系已经形成。截至 2012 年 2 月底，经过修订和新建工作，我国评估准则体系包含的准则项目已达 23 项，包括 2 项基本准则、9 项具体准则、4 项评估指南、8 项指导意见，准则体系得到了进一步的丰富和完善。

近几年，我国的准则制定机构加强了对并购重组等产权交易中资产评估的要求。2012 年 12 月 28 日，中国资产评估协会制定了《资产评估操作专家提示——上市公司重大资产重组评估报告披露》，为资产评估机构和资产评估师进行上市公司重大资产重组评估业务时提供参考，对我国的资产重组业务的资产评估提供了专家意见，为资产评估师执行业务提供了更多的技术支持。

随着我国国企改革的深入及证券市场的发展，企业间的产权转让、兼并、收购等产权交易活动也日趋活跃，交易的形式呈现多样性，涉及金额也越来越大，并购重组已经成为我国产业结构的战略调整工具，为上市公司的健康发展和社会资源的优化配置提供了一种有效途径。据相关统计，2006—2010 年沪深两市中有 203 家上市公司进行了不同形式的并购重组，并购重组规模达到了 9890 亿元，这一规模是 2002—2005 年的 52 倍。在我国资产市场中，并购重组已经越来越普遍，以上市公司为核心的并购重组已日益成为股东追逐企业价值最大化过程中推动社会资源向优势企业正向配置的一个过程。

鉴于上市公司并购重组的普遍性和重要性，为使交易能够成功进行，应该客观公正地衡量并购重组中标的资产的价值，这也是交易能够顺利完成的关键。作为评价企业资产价值的独立第三方，资产评估已成为确定恰当交易价格的基础，其地位变得越来越重要，并成为产权交易中必不可少的一环。越来越多的并购交易会根据资产评估的结果来确定交易价格。上海证券交易所和中国资产评估协会发布的《上市公司 2009 年度并购重组资产评估专题分析报告》表明资产评估在上市公司并购重组的交易定价方面已经发挥了十分重要的作用。另外，根据中国资产评估协会对 2012 年完成交易的并购重组交易中资产评估情况的统计情况，我们发现超过 80% 的并购重组交易进行了资产评估，其中 80% 的评估结果成为定价依据和参考。由此可见，资产评估结果已经成为并购重组交易中的关键一环。

通常认为，专业的资产评估师通过选择合理的评估方法、实施必要的评估程序，最后得出的结论应该是比较客观和公允的，能够成为确定资产价值或交易价格的参考依据。但我国的资产评估业仅经过20多年的发展，历史较短，相关的法规制度也不够完善，在这种情况下资产评估市场不可避免地会出现不规范和不正当竞争现象。市场上关于资产评估机构"协助"上市公司大股东造假的现象屡屡发生。例如，东方资产评估事务所为四川泰港出具虚假关联交易评估、广东大正联合资产评估有限公司参与麦科特造假上市、成都资产评估事务所参与宏光实业欺诈上市等丑闻的曝光，资产评估机构的资产评估质量逐渐引起市场和监管部门的广泛关注。而且，产权交易市场中资产评估结果畸高畸低的现象有愈演愈烈之势，使人们对资产评估机构的中介独立性和公允性产生了一系列的质疑。

由于我国上市公司的股权结构比较集中，治理结构还不够完善，上市公司普遍存在企业集团和众多的关联企业。在与关联企业进行交易时，关联方能够通过其影响力来左右交易定价，使并购交易不能成为公平市场中的交易行为，关联交易成为上市公司与关联方之间利益输送和转移的媒介。鉴于我国特殊的治理结构，上市公司与关联方之间的关联并购还存在着很多问题，特别是，大股东与上市公司之间的交易中，大股东有更大的动机和机会通过对资产评估结果的操纵来实现其目的。另外，关联资产收购交易中，标的资产的定价情况已经引起了各方的关注，早前的研究发现上市公司的关联资产收购行为中存在着交易定价不公允的情况。

以往对大股东操纵资产评估结果的研究并不多，更多的研究基于大股东掏空和支持的事实，来分析其对公司价值和股东财富的影响，并未对大股东掏空和支持上市公司的实现途径——资产评估操纵引起更多的关注。原红旗和杨静（2005）基于资产置换交易中的交易定价分析了大股东行为的动机，发现大股东在资产置换过程中，往往会通过低估上市公司置出资产的价值，从上市公司输出利益；但是当上市公司处于财务困境或者可能需要再融资时，大股东会向上市公司输入利益，以改善上市公司的财务状况或使其达到再融资的条件。由此可见，并不能简单地将关联交易界定为掏空行为还是支持行为，也就是说大股东参与关联交易应该从掏空和支持两种动机来分析大股东行为。

在我国，在本书成书阶段，上市公司与大股东之间的资产交易非常普遍，特别是重大的资产收购关联交易已经成为大股东行为得以实现的媒介，该种交易涉及金额较大，大股东的意图也较隐蔽，对上市公司的影响也不够明确，交易中存在的可操控行为也很多。鉴于上市公司与大股东之间的资产收购关联交易呈现出的鲜明特点，有必要对该交易中的资产评估操纵行为加以全面分析，深入探讨其影响因素和经济后果。特别是目前学术界还没有从资产评估操纵角度来分别研究大股东支持和掏空行为的经济后果，这也是本书的研究契机。

针对上述背景，本书作者对以下问题展开了思考：大股东为什么要操纵资产评估的结果？资产评估操纵是否是资产收购关联交易中大股东行为的实现渠道？资产评估操纵有哪些影响因素？资产评估操纵的评估结果的经济后果又怎样？这些不仅仅是理论问题，更需要从实证上加以验证。

第二节 研究意义

一、 理论意义

本书基于资产收购关联交易研究资产评估操纵的影响因素和经济后果，具有以下理论意义：

第一，本书以资产收购关联交易作为研究对象，分析了交易中大股东操纵资产评估的行为，能够扩大对资产评估相关理论研究的领域。对资产评估的研究，国外主要集中在资产价值的重新估价，主要是以财务报告为目的的资产评估，并非基于产权交易；而国内的研究也主要集中在规范研究，实证研究相对较少。针对资产评估操纵的研究，主要基于股份制改造，对资产收购中的资产评估问题鲜少涉及。因此，本书的研究扩大了资产评估的理论研究范围。

第二，本书的研究拓展了大股东行为相关理论。针对并购重组中大股东行为的研究主要是考察并购重组的市场反应和对会计业绩的影响。本书基于资产评估操纵来考察大股东行为，以及其对中小投资者和债权人的影响，丰富了大股东行为理论的研究结果，并为外部利益相关者的保护提供理论支持。

第三，本书的研究考察了资产评估结果的操纵情况，特别是在关联交易中，这种行为更为普遍，研究的结果对并购重组交易中的定价研究提供了一定的理论参考。

二、现实意义

第一，本书的研究为资产评估行业的规范发展提供了具体的参考。目前，并购重组已经成为促进发展方式转变和经济结构调整的重要形式。我国利用资本市场中的并购重组，能够实现"调结构、兴产业"的目的。我国政府也大力倡导并购重组，2010年国务院发布《关于促进企业兼并重组的意见》（国发〔2010〕27号），指出应该充分发挥资本市场中企业重组的重要作用，明确提出并购重组是加快转变经济发展方式的重要手段，也是调整经济结构的必要措施。在我国大力支持并购重组、推动社会资源有效配置的背景下，大力发展资产评估产业已经成为历史的必然趋势，本书的研究能够为此提供一定的参考。

第二，本书的研究能够为关联交易的合理定价提供一定的现实依据。资产评估作为合理确定交易定价的中介机构，在价值发现、价值判断、价值实现方面扮演着重要的角色。为使资产评估行业更好地发挥其中介作用，尤其是在我国上市公司并购重组交易、关联方交易等产权交易中，资产评估的角色不可或缺，资产评估结果的客观性和合理性对于交易的顺利进行具有重要的支撑作用。虽然资产评估行业在我国的发展过程中取得了一定的成绩，但也暴露了许多问题。因此，对企业特定产权交易中的资产评估进行研究和探讨，可以起到规范并购重组交易的定价、促进评估业的健康发展的现实作用。

第三，本书的研究对规范大股东的行为具有一定的现实意义。大股东行为一直是股权集中的国有上市公司所普遍存在的问题，在股权集中的背景下，大股东有较强的动机和机会，通过关联交易来实现自己的目的，在此过程中，中小投资者和债权人的利益可能会受到侵害。因此，本书通过资产收购关联交易中的资产评估操纵研究，对大股东行为的动机进行区分，然后分析资产评估操纵的影响因素，进而分析他们这种行为所带来的影响，包括对中小投资者和债权人的影响。对规范大股东行为和加强对中小投资者和债权人的保护具有一定的参考价值。

第三节　研究思路和主要内容

一、研究思路

　　本书的研究主要以资产收购关联交易作为研究对象，资产评估操纵是本书的核心，所有的章节均以此为中心展开。首先是资产评估操纵的影响因素，其次是基于资产评估操纵的大股东掏空和支持的行为认定，最后是大股东资产评估操纵的经济后果。本书的研究思路见图1-1。

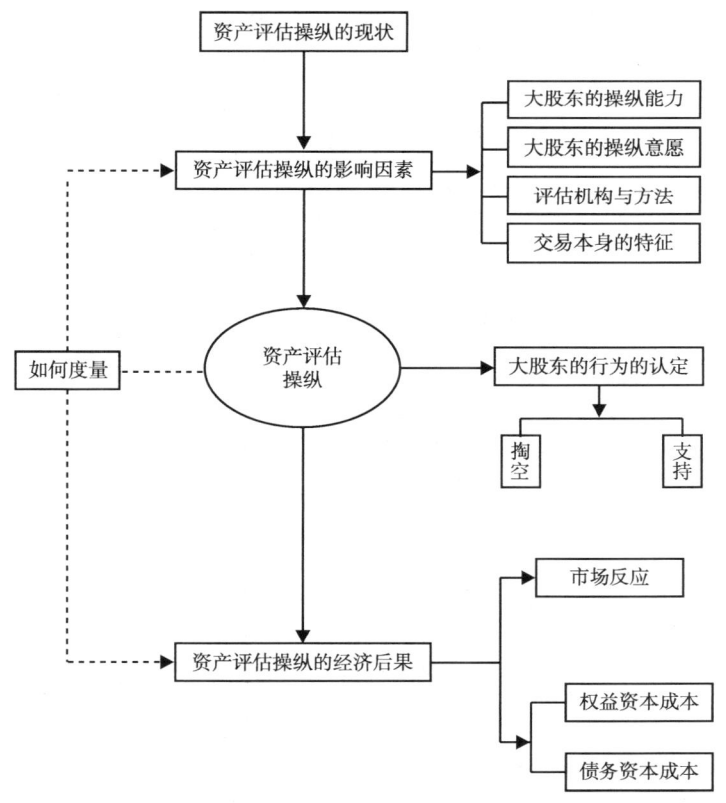

图 1-1　本书的研究思路

二、主要内容

本书成书之前，对资产评估操纵的影响因素和经济后果的研究相对匮乏，并且对资产收购关联交易中资产评估操纵的研究不多见。本书基于资产收购关联交易，研究了资产评估操纵的影响因素和经济后果，最后提出政策建议。

本书的结构安排如下所述：

第一章　绪论

本章作为开篇，概括性地介绍了全书。首先对本书的研究背景与研究意义进行了阐述，其次对本书的结构安排、研究方法与技术路线进行了介绍，最后对本书的创新进行了简要评述并展望了下一步的研究方向。

第二章　文献综述

本章对前人的研究进行了文献梳理，对资产评估的动机和影响、并购重组中的资产评估以及大股东的掏空和支持行为的研究现状进行了整理和分析，对目前研究中存在的问题进行了归纳，以便为后续的研究做铺垫。

第三章　资产评估的发展历程与现状分析

本章首先对资产评估的产生和发展进行了阐述，进而分析了我国资产评估的发展历程和现状；其次在此基础上，对我国资产评估管理与规范情况进行了整理；最后结合本书的研究样本，对资产收购关联交易中的资产评估现状进行了全面和系统的分析。

第四章　资产评估操纵的大股东动机研究

本章首先介绍本书研究的理论基础，主要包括代理理论、信息不对称理论、控制权收益理论和信号传递理论，这是本书的理论依据，也是本书经验研究和实证研究的基础；其次研究了资产评估操纵与大股东的掏空与支持行为的关系，以考察资产评估操纵是否是大股东实现掏空或支持上市公司的渠道；最后根据资产评估操纵情况对样本进行了分类，分为大股东掏空上市公司的样本和大股东支持上市公司的样本，为本书后续的研究打下基础。

第五章　资产评估操纵的影响因素实证分析

本章以上市公司资产收购关联交易为样本，详细分析资产评估操纵的影响因素。考察大股东的操纵行为、大股东的操纵意愿、评估机构与方法、交易本身的特征四方面对资产评估操纵的影响，通过实证检验，甄别出哪些是影响资产评估操纵的主要因素。

第六章 资产评估操纵的市场反应

本章分析资产收购关联交易中，大股东操纵资产评估结果的市场反应。从已有的文献来看，大部分的研究都将交易的首次公告日作为事件日，来考察交易的市场反应。但是本章采用资产评估报告公告日作为事件日，来研究资产评估报告公布所引起的短期市场反应和长期市场反应。

第七章 资产评估操纵与资本成本

本章考察资产评估操纵对资本成本的影响，包括对权益资本成本和债务资本成本的影响。首先，从总体上分析资产评估操纵对权益资本成本和债务资本成本的影响；其次，在此基础上，分别考察掏空和支持两个子样本的差异；最后，得出资产评估操纵对权益资本成本和债务资本成本的影响情况。

第八章 结论与展望

基于前面的分析，总结全书，提出政策建议；同时指出了研究中存在的不足，并展望了今后的研究工作。

第四节 研究方法与研究贡献

一、研究方法

本书拟采用规范与实证相结合、定性与定量相结合的研究方法实现本书的研究目标。

1. 规范与实证相结合

规范研究主要应用于对相关文献和理论的梳理、总结，对有关概念的界定与辨析，以及用于理论分析框架的建立。基于规范研究的结果，本书将以我国上市公司资产收购关联交易样本为研究对象，对资产评估操纵进行细致深入的实证研究。为了形成更为可靠、稳健的经验证据，本书综合使用了多种实证研究方法，其中包括描述性统计、参数与非参数检验和各类回归分析。

2. 定量与定性相结合

由于资产评估操纵的复杂性，对资产收购关联交易中资产评估操纵的影响因素和经济后果的实证研究中，不仅要采用定量研究方法，建立相应的模型，还需要结合相关理论，进行更全面地进行分析。

二、研究贡献

第一，前人对大股东行为的研究主要集中在考察并购重组交易公告的短期市场反应和长期市场反应，或者对会计业绩的影响，进而确定大股东的行为是掏空还是支持，主要是对掏空和支持的结果进行分析，但是大股东通过什么样的渠道实现掏空和支持，前人的研究较少。本书的研究立足于中国特色的制度背景，因为中国的并购重组交易需要中介机构的参与来评估资产的价值，以此作为交易定价的基础，由此可见资产评估操纵在我国具有一定的特殊性。特别是对资产收购关联交易中资产评估操纵行为，前人的研究并未涉及。基于此，本书分析了在资产收购关联交易中资产评估操纵是否是大股东利益得以实现的渠道。

第二，前人对关联交易的研究，最大的关注点是大股东的掏空行为，但是这类研究不够全面，主要原因是大股东参与关联交易不完全出于掏空上市公司的目的。因此，本书对资产收购关联交易中大股东行为进行了划分，主要依据是关联交易中上市公司的交易地位和非正常评估增值率的正负方向，并以此为基础，分别考察了这种行为的经济后果。因此，本书的研究扩展了关联交易中大股东行为的相关文献。

第三，本书尝试分析了资产评估操纵对权益资本成本和债务资本成本的影响。资产评估操纵是大股东的行为体现，这种行为对中小投资者和债权人的利益也存在一定的影响。因此，本书对资本成本的分析，可以证实大股东的操纵行为对外部利益相关者是否存在影响。

第二章　文献综述

本章将对资产评估相关理论和大股东行为相关研究进行梳理。资产评估相关理论主要从资产评估的动机、资产评估的影响，以及并购重组中的资产评估三个方面进行综述；大股东行为相关研究主要对大股东掏空和支持两种行为进行了归纳和总结。

第一节　资产评估相关理论

资产评估也称资产估价和资产估值。在不同的制度背景下，各国学者对资产评估的研究重点和领域存在较大的差异。许多国家对资产评估的研究主要基于公允价值，也就是对财务报告中资产价值的重新估价。大部分研究集中在固定资产评估方面，这是因为固定资产的账面价值和市场价值背离较大，企业往往会选择规定的评估方法、标准，对其价值进行重新估价，这与我国的研究存在很大的差异。在澳大利亚、比利时、西班牙、法国等国家，企业可以自行决定是否进行资产评估

（Missonier-Piera，2007），并在会计上确认评估值与账面价值变化的部分。Barlev et al.（2007）的研究中提到 48 个国家允许确认非流动资产评估增值部分。特别是在澳大利亚，是否进行资产评估是公司管理者自行决策的行为，并没有明确的规定或立法来规范这种行为。但在中国、美国、加拿大等国家，不允许将固定资产评估增值部分在会计上确认。由此可见，在允许在财务报表中确认评估增值的国家里，对资产评估的研究主要集中在资产评估的动机和影响方面。而在中国的产权交易（特别是并购重组）中，必须进行资产评估，并以此作为交易资产定价的基础。因此，我国的资产评估研究主要结合了产权交易的定价问题。

一、资产评估的动机

国外对资产评估的动机研究起步较早，研究结论也很丰富。从中我们发现企业进行资产评估的动机主要包括：①为资产负债表提供更有意义的数据；②提高债务权益比率；③加强借贷能力；④抵御可能的敌意收购；⑤减少可能出现的政治成本。

对资产评估进行系统研究始于 20 世纪 70 年代，最早出现在澳大利亚。资产评估在澳大利亚应用得非常广泛，企业可以自行选择是否进行资产评估，以实现企业不同的动机。Whittred 和 Chan（1992）研究了 1980—1984 年间澳大利亚的公司资产评估行为和经济后果，通过对进行固定资产评估（129 个公司）或没有进行固定资产评估的公司（299 个公司）的样本分析，指出了投资不足的问题能够通过进行资产评估得到缓解，而且资产评估的成本相对较低。他们的研究与 Myers 和 Majluf（1984）的发现一致。如果企业存在一些限制更多借贷行为的债务契约，投资不足问题将更加严重，管理者可能拒绝净现值（NPV）为正的项目（Courtenay 和 Cahan，2004）。Whittred 和 Chan（1992）也指出，虽然通过与银行协商，企业可能获得新的贷款，但是进行资产评估是一种成本更低的方式，因为不需要进行痛苦的谈判和协商。宽松的债务契约能够缓解投资不足问题。Whittred 和 Chan（1992）的研究结论表明资产评估与债务契约、财务杠杆、投资机会以及现金持有量之间存在很大的关联。同时他们发现进行资产评估的公司一般具有较多的投资机会、面临较低的借款限制和相对较低的现金持有量。这表明当公司的负债率较高和借款能力降低时，公司更可能进行资产评估。

Easton et al.（1993）针对 20 世纪 80 年代，公司进行资产评估的动机问题对企业的财务总监进行了调查。根据调查结果，他们报告了澳大利亚的公司进行资产评估的首要原因是披露真实、公允的财务报告（45%）；第二个常见的动机是为了提高债务／权益比率（40%）；其他原因包括收购（6%）、收购防御（3%）和股票股利（2%），等等。

Cotter 和 Zimmer（1995）通过研究发现，与现金流增加的年度相比，资产评估更可能发生在现金流减少时期，而且这种关系在财务杠杆较高的公司更明显。当担保债务增加时，资产评估能够提高抵押品的价值，进而向外界传递企业借贷能力较高的信号。他们指出通过减少财务杠杆和在账面上确认资产的增值部分，资产评估后账面资产价值增加，企业的借贷能力也会因此提高。

除此之外，Brown et al.（1992）认为资产评估与债务契约、高负债率、信息不对称、政治成本的降低、发行红利股、避免敌意收购相关。他们对资产评估给出了几种可能的解释。首先，负债率较高的公司具有机会和动机进行资产评估，通过提高资产价值来减少债务约束。同样，具有债务契约的公司更可能进行资产评估，以避免因为债务违约而带来的处罚和重新进行谈判的成本。因此，资产评估能够给企业带来利益，从而避免利益相关者的成本支出。其次，他们发现总资产评估所带来的资产增值能减少信息不对称，传递公司资产被低估的信号，促使管理者保存一定的借款能力，以保持比较宽松的财务弹性。他们的研究结论与 Zimmerman（1983）和 Watts 及 Zimmerman（1986）一致，即大公司具有较大的动机减少利润或降低预期的损失。再次，他们也研究了政治成本是否是管理者进行资产评估的动机。他们发现与小公司相比，规模大的公司进行资产评估更加频繁。这一假设源于大公司更可能得到监管者和公众的关注，而监管者和公众能够对大公司的资源分配产生影响。较高的利润和回报率通常与较高的税收和较多的公众监督相联系。提高资产的账面价值能够帮助公司减少回报率。Ball 和 Foster（1982）认为公司规模是政治成本的代理变量，但是存在噪音，应该用容易发生罢工的行业进一步衡量政治成本。不仅如此，他们发现容易出现罢工的行业更可能进行资产评估。通常这些行业包括煤炭开采业、水井作业、金属行业、建筑和施工行业。最后，他们指出不同公司进行固定资产评估的动机不尽相同。例如，高负债率公司与低负债率公司进行资产评估的动机就不同。

Black et al.（1998）拓展了在英国、澳大利亚和新西兰三国背景下对资产评估的研究。他们考察了 1985—1995 年间 696 个英国样本和 503 个澳大利亚和新西兰的混合样本。他们对比了进行资产评估和没有进行资产评估公司的产权比例、市价 / 账面价值或偿债能力是否存在差异。研究结果表明在澳大利亚和新西兰进行资产评估的公司具有更大的市值。与以前的研究一致，在英国和新西兰，进行资产评估的公司与未进行资产评估的公司在财务杠杆、市价 / 账面价值和偿债能力上存在很大差异。虽然进行资产评估公司的财务杠杆大于未进行资产评估公司的财务杠杆，但是其偿债能力较差。

除了澳大利亚，英国的学者也对资产评估进行了深入的研究。他们认为公司规模是公司进行资产评估的动机。Zimmerman（1983）发现大公司比小公司披露的信息多，公众对大公司的了解程度相对要高，他们具有更大的动机采用稳健的会计方法，以向公众展示他们保守估计利润的形象，因为他们的报告结果更容易吸引媒体和政府的注意力。Watts 和 Zimmerman（1986）的研究支持政治成本与企业规模具有相关性的观点。规模较大的公司，在更多公众的监督下，更可能进行资产评估以对外报告较低的收益率。因此，公司的规模可能是影响公司进行资产评估决策的因素之一。

Lin 和 Peasnell（2000）采用 1989 年和 1991 年在伦敦交易所上市的样本，考察了资产评估与债务契约、信号传递、政治环境的关系。选择 1989 年和 1991 年两年的数据有利于笔者考察在经济繁荣的 1989 年未披露但是在经济衰退的 1991 年报告出来的评估储备。Lin 和 Peasnell（2000）发现资产评估与公司规模、资本充足率正相关，但与偿债能力负相关。他们的结论支持了债务契约假设。同时，他们认为固定资产评估的成本很高，如果公司有较多的固定资产产生较大的增值额以满足公司的财务需求，资产评估是值得的。他们提供的证据支持了 Zimmerman（1983）的研究结果，即规模较大公司的管理者可能会倾向于应用资产增值的评估以减少权益资本和资产的回报率，从而降低可能出现的政治成本。

Iatridis 和 Kilirgiotis（2012）考察了固定资产评估的动机。他们所考察的动机包括企业规模、固定资产新旧程度、公司的海外业务和并购行为，以及企业债务和盈余管理的倾向。研究结果表明，公司规模与固定资产评估正相关。对于具有海外业务、固定资产较少、高债务资本需求的公司来说，它们更可能进行固定资产评估。企业进行收购时也具有上述特征。研究还表明，固定资产评估与盈余管理负相关。

Gaeremynck 和 Veugelers（1999）构造了一个资产评估的模型，对比利时的管理层激励和资产评估提供了实证证据。运用此分析模型，他们分析了当管理者的薪酬取决于期望的业绩和目前的财务状况时，资产评估的信号传递动机。由于不进行资产评估的决定可能增加公司的财务杠杆（产权比率或资产负债率），导致违背债务契约，资产评估降低了预期的重组成本。然而，不进行资产评估的决定会提高企业更多资金投入的可能性，因为传递了公司将会取得更好业绩的信号（没有诉诸资产评估）。当成功的公司不进行资产评估时，分离均衡才能实现，这是因为重组的成本比从额外的资金投入获得的边际收益要小。但是，这种策略只有在业绩变动较大和产权比例较低时才会出现。Gaeremynck 和 Veugelers（1999）的研究发现，行业中相对成功的公司所具有的特征包括业绩变动较大和较低的产权比率，这些公司很少进行资产评估。他们的研究结果也显示评估值的多少（例如，评估值与资本的比率）不会影响进行评估与否的决策。与前人研究相一致，当公司接近出现债务违约和净值下降时，进行资产评估的可能性较大。

Jaggi 和 Tsui（2001）运用中国香港的数据进行了实证研究，研究结果表明进行资产评估最重要的动机是向投资者传递资产公允价值的信号。这一结论源于资产评估和未来营业利润之间的显著正相关关系。但是他们未能发现，既有文献中描述的主要动机——违反债务契约。他们的研究结果也表明管理者提高借贷能力与资产评估的关系，以及股价提高与资产评估的关系。

Missonier-Piera（2007）研究了瑞士的企业进行资产评估的经济动机。瑞士近几年兴起对资产评估的研究，主要因为瑞士的公司采用了国际会计准则。运用混合和横截面的数据进行回归，Missonier-Piera 发现具有较高的财务杠杆和较少的投资机会的公司会实施资产评估。在瑞士，进行资产评估的动机主要包括减少违反债务契约的可能性和提高借贷能力的信号传递作用。

Seng 和 Su（2010）对 1999—2003 年间新西兰上市公司潜在的管理层激励行为——资产评估增值行为进行了研究。这项研究提供的证据仅支持了早期政治成本方面的研究。也就是说，发现规模较大的公司更有可能进行资产评估，以降低政治成本。此外，该研究发现，大多数新西兰公司的资产评估定期由独立的估值师实施。研究也发现，一些企业选择在财务报告中披露当期固定资产的价值，而不是在财务报表中给予确认。有学者认为，披露而不是确认这些价值变动是一种更稳健的行为，因此，资产负债表的稳健性会更好（Cotter，1999）。

综上所述，资产评估有助于企业避免债务违约（Whittred 和 Chan，1992；Brown，et al.，1992），降低企业的负债率，进而提高企业的借款能力（Brown et al.，1992；Cotter 和 Zimmer，1995；Lin 和 Peasnell，2000；Jaggi 和 Tsui，2001）。另外，通过资产评估来实现资产增值的成本要低于外部融资（Whittred 和 Chan，1992；Brown et al.，1992），特别是对于有形资产比重较大的公司来说更是如此（Brown et al.，1992）。

二、资产评估的影响

资产评估能够影响会计信息，进而影响财务报告。如果资产评估信息对投资者的决策是有用的，人们希望看到资产评估和股票价格之间的关系。早前关于资产评估对股票价格的影响（Sharpe 和 Walker，1975；Standish 和 Ung，1982；Emanuel，1989；Easton et al.，1993）没有得到一致的结论。大量的研究考察了资产评估增值额与股票价格变动之间的关系，即资产评估的价值相关性。

澳大利亚学者对资产评估的研究表明，资产评估具有价值相关性。最早对资产评估研究的是 Sharpe 和 Walker（1975）。他们考察了1969—1970 年间澳大利亚宣告资产评估增值信息的上市公司股票价格变动情况。这一研究发现公司宣告资产评估的结果与股票价格上升存在正相关关系，并且股票价格的这一变动一般能够维持到资产增值公告日之后的几个月。进一步检验发现，随着宣告月公司对资产账面价值调整的不断进行，股票市场能够将公告信息在股票价格波动中做出及时的反应。另外，研究表明股票价格的波动不能完全归因于其作为盈余和股利变动的较弱的信号传递作用，也不能解释为由于评估结果信息的发布而引起的股票价格正常波动性发生的变化。鉴于资产评估结果反映了资产价值的变化，并且这一变化在以前会计期间就已发生但是没有在当期的报告中显示出来，这一发现与当时对会计没有系统地提供有用信息的说法一致。

Standish 和 Ung（1982）对英国 1964—1973 年的数据研究了资产评估的市场反应，这一时期是在英国公认会计原则允许进行资产评估的规定发布之前。Standish 和 Ung（1982）运用资本资产定价模型（CAPM）对 232 个英国上市公司的数据进行了分析。他们的研究结果显示，一般而言，宣告进行固定资产评估的公司具有超额回报率。为了从公布的其他公告中分离出固定资产评估的影响，Standish 和 Ung（1982）将样本分为几个子样本。对子样本的分析表明，固定资产评估是为股东带来额外好处的信号。当那些预期的收益实现时，股票收益率将会有显著的改善。然而，预期的收益不发生，超额回报率也不会出现。他们认为资产评估被管理者作为影响资本市场对企业预期的工具。

Emanuel（1989）以 1970—1979 年间 143 个重大的固定资产评估作为样本，研究了重大的固定资产评估对股票价格的影响。Emanuel 指出在新西兰，资产评估是很普遍的行为，几乎 90% 的上市公司均实施了资产评估。研究结果没有发现资产评估和股票价格变动之间的关系。虽然有一些价格反应恰好出现在公告时（零时点），Emanuel 发现很难把它归咎于资产评估的影响，而可能是年报中公布的影响股票价格的其他因素（资产评估通常是在年度报告中披露）。进一步测试发现将股票价格的变动归因于资产评估后资产价值的提高更难。因此，Emanuel 将资产评估视为一种纯粹会计加工后的产品。

Easton et al.（1993）研究了澳大利亚 1981—1990 年间 72 家工业公司和 28 家矿业公司资产评估的价值相关性，并对 59 家工业公司和 21 家矿业公司的首席财务官进行了电话访谈。调查的结果表明，资产评估增值的最重要原因是降低负债率。他们发现不断增加的评估增值对市价—账面价值比率有显著的解释力。同时，他们也发现评估的资产账面价值和公司的市场价值有很大的联系。研究表明，资产评估增值额是市价和回报率的一个重要的解释变量，这表明澳大利亚的资产评估具有价值相关性，但这种相关性并不及时。

Whittred 和 Chan（1992），Cotter 和 Zimmer（1995）的实证研究发现，进行固定资产评估的公司是那些经历了营运现金流量下降以及担保债务增加的公司。他们的研究结果意味着，与未进行资产评估的公司相比，进行资产评估的公司更可能出现营业现金流量下降的情况，这表明资产评估与营业现金流负相关。

Barth 和 Clinch（1998）扩展了 Easton et al.（1993）的研究，分析了评估的价值相关性、可靠性和及时性是否在不同的资产类型之间存在差异。他们提供了一份详细的根据评估的资产类型（例如，投资、固定资产、无形资产）和行业（例如，采矿、金融和非金融）的分类样本。他们发现，投资和无形资产的评估结果与股票价格成正相关，而固定资产的评估结果与股票价格的关系不一致。

早前对英国公司资产评估的研究方面，资产评估与股价或回报率的关系上没有得到定论。虽然 Standish 和 Ung（1982）的研究表明 1964—1973 年资产评估的增值公告具有正向的市场反应，但是这一时期是在英国颁布资产评估准则之前，这一反应与资产评估的重要性不符。近几年更多的研究关注了英国跨境在美国上市的公司，研究表明，股价与资产评估的增值率之间的负相关关系（Amir et al.，1993；Barth 和 Clinch，1996）。因为这些研究关注了英国的会计准则和美国通用会计准则（Generally Accepted Accounting Principles，GAAP）的协调问题，但是没有分析当期的资产评估结果和回报率的关系。

Aboody et al.（1999）对英国的资产评估增值率对未来企业业绩的影响进行了综合的分析。通过对 1983—1995 年超过 5000 家公司的数据研究，Aboody et al. 发现对非流动资产的评估在英国已经非常普遍，在此期间，几乎 58.9% 的公司存在资产评估值与账面价值的差异。Aboody et al. 认为资产评估和股票回报率的关系只是间接证明了资产评估与股票回报率的价值相关性，股票回报率也受公司的融资和投资决策的影响。另外，资产评估和公司未来业绩之间的关系来自于营业利润和营业现金流作为资产评估价值相关性的直接证据。在控制了当期业绩变动、风险和成长性等因素后，Aboody et al.（1999）发现了资产评估和公司未来的业绩在评估后的第一年、第二年和第三年均具有显著正相关。因此，Aboody et al. 的研究结果表明了资产评估和股票价格之间的关系，特别是在评估的当年这一结果更显著。但是，对于产权比率较高的公司，资产评估和股票价格的关系比产权比率低的公司弱。这是因为市场参与者视评估增值的公司为高负债 / 权益的公司，容易出现机会主义行为，因此，这两个变量负相关。Aboody et al.（1999）没有发现跨境上市公司的资产评估和未来业绩或股票回报率之间的显著关系。但是，他们发现，在市场较稳定、固定资产价值持续增加的情况下，资产评估和未来业绩或股票回报率具有显著的关系。Aboody et al.（1999）的研究表明投资者对资产评估的估计反映了资产评估与未来的营业利润之间的关系。

运用英国公司 20 年的数据，O'Hanlon 和 Pope（1999）发现，唯一具有价值相关性的是一般的利润。Cahan et al.（2000）认为，结果不一致的原因之一可能是使用了资产评估值变动的累加结果作为衡量变量，而不是 Barth 和 Clinch（1998）所采用的单独度量。

Cahan et al.（2000）的发现与 Aboody et al.（1999）的结论一致。Cahan et al.（2000）考察了 48 家公司的固定资产评估的价值相关性，他们的研究表明，综合收益比净收益具有价值相关性。他们按照 Stark（1997）的做法进行了实证研究，结果只发现了综合收益的价值相关性，另对各项收益分开研究时，没有发现它们具有价值相关性。Cahan et al.（2000）研究是 O'Hanlon 和 Pope（1999）的延续，O'Hanlon 和 Pope（1999）没有发现任何证据证明资产评估具有价值相关性。

在中国香港，Jaggi 和 Tsui（2001）拓展了 Aboody et al.（1999）的研究，他们发现香港公司资产评估的增值率与公司未来的经营业绩显著正相关。尽管中国香港和英国市场存在差异，但是 Jaggi 和 Tsui（2001）的研究和 Aboody et al.（1999）的研究结果颇为相似。

运用与 Barth 和 Clinch（1998）类似的方法，Courtenay 和 Cahan（2004）提供的证据表明，在新西兰，固定资产评估增加值与回报率正相关。然而，评估增值的无形资产与回报率成负相关。此外，他们还发现，债务水平对这种关系产生了负面影响，这表明资本市场参与者对固定资产评估反应的差异取决于潜在的评估动机。Courtenay 和 Cahan（2004）的研究证实，固定资产评估与回报率成正相关，而无形资产评估增值与回报率成负相关。但是这项研究并没有提供资产评估与公司营业利润和营业现金流之间关系的证据。这项研究的贡献在于对资产评估增值和未来的经营业绩之间关系的考察。

Paik（2009）运用来自 15 个采用国际会计准则的国家的数据，通过研究评估价值储备（revaluation reserves）与股票价格的关系，考察了采用国际会计准则对固定资产评估的影响。在对 15 个国家的分析中，5 个国家的评估价值储备在解释权益的市场价值时统计上显著，表明评估价值储备在这 5 个国家是价值相关的。Paik 进一步将样本按所在国家的法律体系（英美法系和大陆法系）进行分类。结果表明在英美法系下，评估价值储备具有价值相关性，但是在大陆法系下不存在这种关系。研究成果表明在不同的法律、经济、文化和社会环境下，采用国家会计准则对资产评估的影响不尽相同。

三、并购重组中的资产评估

我国的学者对并购重组中资产评估相关问题进行了深入的研究，国外的研究鲜见，这主要是因为在我国并购重组时需要资产评估机构对标的资产进行评估，并以此为基础确定交易定价，而其他国家不存在这种规定。我国对资产评估的研究始于 20 世纪 90 年代，这是因为，资产评估在我国的产生源于我国国有企业产权制度的改革，为了使国有资产免于流失和保值增值，我国借鉴国外资产评估的做法，建立了资产评估制度。资产评估是企业股份制改制过程中确定大股东股权结构的一个法定要求。正是从此时开始，我国的学者展开了对资产评估的研究，并取得了丰富的研究成果。这包括黄世忠（1995）、陆德民（1998）、周勤业（2003）、原红旗等（2005，2008）、徐玉德和齐丽娜（2010）、王竞达和瞿卫菁（2012）、陈骏和徐玉德（2012），等等。他们的研究主要围绕评估方法的选择、评估偏差、评估结果的影响因素、并购重组中的大股东掏空与支持行为等。

我国会计界对资产评估的研究始于 1995 年，黄世忠（1995）的博士论文从理论和实务两方面系统分析了资产评估相关问题。他将中国股份制改制中的资产评估作为研究对象，对评估中涉及的若干理论和实务问题进行了系统和深入的研究。他在论文中首先界定了股份制改制的实质，从产权经济学的角度来说股份制改制属于产权交易。在此基础上，他提出在股份制改制中资产评估要实现的两个基本目标：一是明确原股东产权界区，为股份制改制后公司的新股东提供好的环境，使他们免于承担不必要的风险和损失；二是为交易定价的合理性和公平性提供重要的参考依据。

陆德民（1998）首次以实证方法研究了我国上市公司改组过程中的资产评估。该研究为日后对资产评估的研究提供了很好的思路，也是产权交易中资产评估研究的基础性文献。他在文中主要分析了公司在股份制改制过程中资产评估结果的差异性及其成因。研究发现 1992—1996 年间上市公司资产评估的平均增值率有下降的趋势，这与资产评估在这几年的发展越来越规范有很大关系。该研究也发现通过资产评估能够改善公司对外发布的财务报告的"外包装"，对公司原本较差的财务状况进行伪装，这就提高了分析资产评估偏差成因的难度。总体来说，他们发现，上市公司的资产评估偏差主要与固定资产比重、负债权益比率、总资产投资报酬率和企业规模显著相关。

我国的学者对并购重组中资产评估研究一个关注的重点是资产评估在交易中的作用。其中，张为国和张莉（1999）考察了我国企业股份制改制中资产评估的重要作用。资产评估作为一种专业性非常强的行业，能够为资产的当前价值提供理论的参考依据，但是在我国的评估实务中，存在诸多评估结果不合理的问题，这其中的原因包括：首先，政府干预太多。资产评估行业应该是独立的、公正的中介机构，理应遵循市场规律来进行管理，但是我国的资产评估行业产生于国有资产的改制中，由国有资产管理部门统一进行管理，它们具有国有资产保值增值的职责，因此有动机和能力通过影响资产评估的结果，实现高估国有资产的目的。其次，我国的会计制度早前主要是为税收服务，相应的财务报告也与国家的财政预算、税收直接相关。因此，这种会计制度属于现金收付制的范畴。而资产评估的价值更多地反映了会计上的应计制，显然这两者存在很大的差异。最后，管理者作为代理人可能存在短期行为，例如，在任期内高估资产、延期确认费用、低估负债水平等，这些都导致资产评估越来越复杂。

周勤业等（2003）针对我国 2001—2002 年上海证券交易所披露的上市公司资产评估报告数据，考察了大股东侵害和上市公司资产评估偏差之间的关系。他们以与大股东关联资产置换作为研究样本，研究发现在上市公司分别作为卖方给出资产或者作为买方接受资产两种情况下，资产评估增值率存在很大的差异。这一研究结果表明在关联交易中存在大股东会利用资产评估侵占中小股东利益的现象。具体来说，当上市公司为资产接受方时，资产评估增值率显著高于其他交易类型增值率。而当上市公司为资产置出方时，与其他交易类型相比，资产评估增值率较低。这一结果表明，在上市公司关联资产置换中，存在着大股东操纵评估结果的行为。他们还对不同规模的评估机构的评估业务中资产评估增值率的差异进行了研究，他们发现，与规模较小的评估机构相比，规模较大的评估结构的评估质量反而更低。这一结果说明我国目前对高质量的评估结果需求不足。

上海财经大学的原红旗教授是我国目前对资产评估操纵研究最为系统和深入的学者，原红旗教授等（2004）认为在公司再融资中，大股东采用实物支付方式进行注资较为普遍，并且高估标的资产的价值以剥削中小股东，对于这些公司来说，再融资之后它们的业绩发生显著的下滑。但它只是把资产评估作为大股东在实物再融资过程中剥削中小股东的一个前提，并未给出大股东通过资产评估剥削中小股东的直接证据。原红旗和杨静（2005）则提供了大股东通过资产置换中的资产评估进行利益输出和输入的直接证据。他们采用的非经常性的一次性关联交易指标即从资产置换角度研究大股东输出和输入行为。通过对非正常评估增值率的衡量和分析，他们得出的结论与前人较为一致，也就是说大股东利益输入和利益输出都可能在同一公司中发生，但是大股东的这一行为取决于公司是否处于即将进行再融资和公司的财务状况。原红旗等（2008）针对股份制改制过程中的大股东操纵资产评估的行为进行了研究。他们的研究发现在改制时控股股东较小的投入能够获得较大比例的股份，以此来侵占中小股东的利益，因此，大股东具有操纵资产评估结果的动机。特别是在大股东完全控股的公司中，股份制改制中涉及的评估资产的非正常评估增值率显著高于其他股权结构的上市公司。另外他们还考察了公司未来的会计业绩和回报率，具有较高的非正常评估增值率的上市公司较低。他们的研究证实大股东在改制过程中存在侵占中小股东利益的行为。

徐玉德和齐丽娜（2010）考察了资产重组中资产评估结果的确定情况，以及评估结果确定的影响因素。他们的研究结果表明，不同评估方法的选择对评估结果存在很大的影响，而重组方式对净资产增值率没有影响。重组交易中标的资产为长期股权投资的，对股价有解释力，其他类型的标的资产不具有价值相关性。

王竞达和瞿卫菁（2012）研究了创业板公司的并购交易，他们发现创业板公司中有些公司的评估增值率非常高，有的甚至高达上百倍。创业板公司并购中的交易定价绝大部分直接采用评估值。由此可见，资产评估在创业板公司的并购交易中的重要性。在对评估方法选取的合理性研究中，发现创业板公司在选择资产评估方法时理由并不充分，收益法和成本法评估结果差异巨大，收益法参数确定随意性较大；非关联交易及非重大并购重组交易评估价值增值度显著高于关联交易及重大并购重组交易等。他们的研究是对并购重组资产评估研究的补充，前人的研究基本基于 A 股市场，该研究选择创业板更加突出了我国不同板块上市公司资产评估存在的差异。

陈骏和徐玉德（2012）将上市公司并购重组过程中资产评估增值率和评估方法的选择作为大股东掏空或支持行为的替代变量，通过实证检验了大股东和地方政府的掏空或支持行为，以及这种行为在公司处于不同的盈亏状况下的差异。研究发现，大股东的掏空行为和地方政府的支持行为存在关联性和同属性。另外，当公司盈利性较好时，大股东往往会通过操纵资产的评估增值率来掏空上市公司，而且评估方法的选择使这一行为得以实现；亏损公司通常会得到大股东和政府的支持，以使其扭亏为盈。

第二节 大股东行为理论

早前对公司治理的研究主要基于美国分散的股权结构，从 20 世纪 90 年代开始，各国学者开始关注美国以外公司的股权结构相对集中的国家，研究发现大股东的掏空和支持行为在股权相对集中的公司较为显著。集中的所有权结构在世界上很多国家都存在，特别是在东亚国家，大部分公司通常至少存在一个相对突出的大股东，甚至是控股股东（La Porta et al., 1999；Claessens et al.，2002）。在股权集中的公司中，控股股东有能力利用自身的控制权侵占少数股东的利益（掏空行为），当然他们也能够用他们的私人财富来支持公司的发展（支持行为），对于财务状况不佳的公司来说更是如此。

一、掏空理论

对掏空行为的理论研究相对有限，这主要因为理论研究需要以度量控制权私人收益的存在性的最优模型为基础（Harris 和 Raviv，1988）。近年来更多的理论研究通过建立模型来直接度量掏空和支持。Friedman et al.（2003）建立模型对掏空进行了研究，发现控股股东在不利的经济环境下通过承担债务来支持（负向掏空）公司的发展。Shleifer 和 Wolfenzon（2002）构建了一个模型，该模型认为当公司在对外部投资者保护程度有限时，其所有者更可能实施掏空行为。他们利用该模型推导出投资者保护程度与股票市场的总体规模和发展状况之间的关系。

其他的模型将掏空和支持作为考察金字塔式控制结构合理性模型的组成部分。例如，Riyanto 和 Toolsema（2008）研究了终极控制人在选择公司控制权结构时的考虑因素。在金字塔之下的其他投资者会权衡控股股东掏空的潜在成本和支持的潜在收益。Almeida 和 Wolfenzon（2005）认为与其他股权结构相比，金字塔结构能够使最终控制人获得超过现金流投入的投资回报和融资优势。总之，关于掏空模型的理论文献均认为掏空是将公司的现金流或留存收益转移到控股股东手中的一种方式。

对于掏空的研究，主要有两大分支。第一个分支主要是间接地考察侵占少数股东利益，通过运用不同的代理变量来衡量掏空的程度。但是这些研究没有考虑大股东侵占利益行为的实现途径，以及少数股东利益是否在公司的某些特定行为中受到侵害。一些研究运用投资者保护的法律环境来衡量侵占少数股东利益的可能性（La Porta et al.，1998、2000b；Johnson et al.，2000；Djankov et al.，2008）。投资者保护程度已经被证实能够影响股利政策（La Porta et al.，2000a）、公司价值（La Porta et al.，2002）、股票的流动性（Brockman 和 Chung，2003）和兼并中收购者的收益（Hagendorff et al.，2008）。还有研究运用现金流权和控制权的分离程度作为掏空可能性的代理变量，它对股利政策（Faccio et al.，2001）、公司价值（Claessens et al.，2002；

Lemmon 和 Lins，2003；Baek et al.，2004）、公司的营利性（Joh，2003）、跟踪的分析师数量（Boubaker 和 Labegorre，2008），以及利益在企业集团内的转移方式，例如大股东通过非经营性项目从具有较低现金流权的公司向较高现金流权的公司转移利益（Bertrand et al.，2002）。

　　掏空行为研究的第二大分支主要考察了能够对公司产生直接影响的控股股东行为，其中最为典型的是大股东与上市公司之间的关联交易。关联交易的动机主要包括掏空、支持和盈余管理三种。对于掏空行为的研究，结果表明在特定的关联交易中，少数股东的权益受到损害。相类似的是，Cheung et al.（2006）考察了韩国工业集团私募发行证券，La Porta et al.（2003）研究了从墨西哥银行贷款的公司所有权特征，发现这些公司的大股东是银行的所有者。关联贷款使这些公司获得了较低的借款利率，他们更可能出现违约，并且在违约后获得更低利率的借款。

　　针对中国市场环境下的大股东掏空行为。Berkman et al.（2009）研究了公司为大股东的贷款进行担保的行为，结果表明这些交易不太可能发生在国有控股的公司。Chen et al.（2008）发现股利政策也可能被用作大股东掏空现金的方式。Gao 和 Kling（2008）用应收账款和应付账款的差异来衡量掏空行为，发现这种度量方式和公司的治理特征存在一定的联系。

二、支持理论

　　关于支持的研究相对较少。最早提出支持行为这一概念的是 Friedman et al.（2003），他们认为支持是反向的掏空，但是没有提供直接的证据。在他们的研究框架下，控股股东能够选择掏空和支持，并且在公司处于财务困境时，大股东会利用私人资源对公司提供支持，使公司能够继续存续下去，以使大股东在未来从这些公司获得更多的利益。Bae et al.（2002）发现处于企业集团中的公司，当他们被要求通过收购企业集团中业绩较差公司时，其公司价值将下降。Cheung et al.（2006）通过对中国香港市场的研究发现了支持行为的有限证据。Riyanto 和 Toolsema（2008）也认为，控股股东支持行为的存在，对中小投资者进行投资有激励作用，能够吸引中小投资者投资存在掏空行为的、具有金字塔式所有权结构的公司。Jiang 和 Wong（2010）认为当中国的上市公司处于要发行新股或退市边缘时，控股股东会通过非正常的关联买卖（一种关联交易）来操纵盈余，以实现支持上市公司的目的，他们也发现控股股东对上市公司提供支持后，会通过关联贷款转移现金。中国的学者也对支持行为进行了研究。例如，李增泉等（2005）发现当上市公司在近期有配股或避免亏损的计划时，在短期内并购活动能够提高公司业绩，相反基于掏空目的进行的并购会损害公司价值，但对公司业绩却没有显著影响。

第三节　文献述评

　　通过对国内外文献的梳理，我们发现，目前对资产评估的研究总体来说并不是很多，且研究的内容也存在一定的局限性。在不同的制度背景下资产评估的研究方向和目的也存在很大的差异。从西方国家来看，资产评估的结果能够在财务报表上进行确认，因此，在这些国家对这部分资产评估增值的研究占了主流。这其中就包括对资产评估（重估）动机和影响的研究。这些研究均基于财务报告的资产评估，是出于企业自身的决策，具有一定的目的性（例如优化财务数据、获得贷款等），但是这些研究并没有涉及产权交易。相反，在中国等国家，资产评估的增值额不能够得以确认，只能在财务报告附注中披露，基于此，这些国家对资产评估的研究相对较少。另外，与国外的研究相比，我国的研究还处于初级阶段，并主要采用规范研究的方法，在我国资产评估行业的发展、评估机构的监管、评估准则实施情况的评价、评估人员的素质、评估方法的运用等方面展开，这些研究均为规范研究，缺少数据的支撑。采用实证研究方法开展的研究仅包括资产置换中交易定价的大股东行为、资产评估增值率的影响因素等，研究文献数量更少，研究内容也不够深入。针对资产评估操纵的研究，主要集中在股份制改造中的资产评估操纵，对资产收购中的资产评估问题鲜少涉及。

　　关于大股东行为，各国学者的研究发现大股东通过转移资产、现金流等方式来掏空上市公司。对并购重组中大股东的掏空行为，更多的关注是掏空的后果。对大股东支持行为的研究中，学者们发现当公司处于财务困境时，大股东倾向于采用关联交易使上市公司改善财务状况。前人对大股东行为的研究并未指出大股东行为的实现途径，即这些交易如何损害公司价值。特别是，关联并购中，大股东的动机并不仅仅是掏空，很多时候也表现为支持，并且掏空和支持行为通过何种方式来实现，前人的研究并未给出答案。

第四节　本章小结

本章包括两部分的内容。

本章的第一部分对资产评估的相关文献进行了综述。这部分主要包括三方面的内容，首先，对资产评估的动机的相关文献综述。国外的研究发现，企业进行资产评估的动机主要包括：①为资产负债表提供更有意义的数据；②提高债务权益比率；③加强借贷能力；④抵御可能的敌意收购；⑤减少可能出现的政治成本。其次，对资产评估的影响进行了综述。大量的研究考察了资产评估增值额与股票价格变动之间的关系，即资产评估的价值相关性，研究结论也较丰富。最后，对并购重组中的资产评估相关研究进行了整理。这些研究主要围绕评估方法的选择、评估偏差、评估结果的影响因素、并购重组中的大股东掏空与支持行为等展开。

关于资产评估的相关理论文献的梳理可以看出，国外的研究起步较早，研究的成果也较丰富，但是这些研究全部是以财务报告为目的进行的资产评估，并未涉及产权交易的行为。而我国的研究主要是基于我国的制度背景和产权交易中的定价问题。另外，从大股东行为的研究中发现，对大股东行为实现方式的研究相对较少，特别是对特定的并购重组交易，相关研究更少。截至 2016 年 6 月底，对资产评估操纵相关问题的研究并未受到足够的关注，尤其是对资产收购关联交易中的资产评估问题前人的研究并未涉及。因此，本书的后几章将会对这方面进行系统的研究。

　　本章的第二部分对大股东行为的相关理论进行了梳理。在股权集中的公司中，主要的代理问题存在于大股东和中小投资者之间。大股东有能力利用自身的控制权侵占少数股东的利益（掏空行为），当然他们也能够用他们的私人财富来支持公司的发展（支持行为），对于财务状况不佳的公司来说更是如此。大股东对上市公司的行为在一些情况下，主要表现为掏空；但是，在另一些情况下又表现为支持。因此，这两种行为始终伴随着公司的成长和发展。

第三章　资产评估的发展历程与现状分析

资产评估伴随市场经济发展，已经成为现代社会一个不可缺少的中介服务行业，在社会主义市场经济中发挥着重要作用。本章将首先对资产评估的产生和发展情况进行回顾，在此基础上阐述我国资产评估的发展历程，其次对资产评估的管理与规范进行说明，最后对关联资产收购交易中的资产评估现状进行分析。

第一节　资产评估的产生与发展

资产评估的产生与市场经济密切相关，产生后随着商品经济发展而发展，并趋于成熟。其业务涵盖广泛，几乎囊括了所有企业间的、与资产交易相关的经济行为。

一、 资产评估的产生

在市场经济的发展过程中，交易的空间和对象逐渐扩大，市场越来越细化，市场透明程度也随之不同。当市场不透明、信息不对称时，且交易所涉及的价值较大，相似个体之间的价值、功能等存在较大差异，同时又受限于交易双方的自身属性（如学识、履历等），这就造成交易价值难以把握，交易的公允性也受到影响。为了此类交易的顺利进行和保证交易的公允性，需要有第三方的介入，资产评估就此萌芽，并逐渐发展起来。从表象上来看，资产评估的产生与不动产交易、房地产交易、企业交易，以及海上贸易行为密切相关。从本质上而言，资产评估的产生是社会经济基础因市场经济的发展而改变的结果。

在社会经济生活中，随着市场经济的发展，资产评估所发挥的作用及所扮演的角色也在逐步发展，呈现出清晰的阶段性特征，表现为资产评估的不同发展阶段。资产评估的产生和发展，依据评估规范化程度，可分为三个阶段，即原始（产生）评估阶段、经验（初级）评估阶段和科学（现代）评估阶段。

第一，原始（产生）评估阶段。此阶段的资产评估处于萌芽阶段，在原始社会末期出现的商品交换和流通，为其创造了最基本的条件。在这以后的很长一段时期，贵重财产的交易过程中，交易双方很难对财产的价值达成一致的意见。因此，双方就需要找一个德高望重的第三者进行协调、估价，给出一个双方都能接受的价格，促使交易正常进行。可以说，最原始的评估人员就是这类德高望重的人。

这一阶段的资产评估人员在进行资产评估时，往往凭借少得可怜的经验、直觉，同时他们不是职业人员，没有受过专业的培训，没有专业的评估知识可以学习，没有专业的评估手段可以使用。因此，这一阶段的资产评估的基本特点可概括为原始性、盲目性、无偿性。并且，这一阶段资产交易很少发生，因此，这一阶段的资产评估还具有偶然性。

第二，经验（初级）评估阶段。这一阶段开始的标志为16世纪时世界第一家商品和证券交易所在欧洲的安特卫普的设立。随着社会经济的发展，尤其是在资本主义的前期阶段，资产评估业务越来越专业和越来越频繁。评估人员逐步向职业化方向发展，接受的委托评估业务也较频繁，积累了较丰富的评估经验，并实行有偿服务，承担一定的法律责任。

相比上一阶段，这一阶段的评估结果要可靠得多。这一阶段的主要工作是资产价值的评估，较上一阶段成熟了很多，虽然规范化和科学化程度还不是很高，但也开始向有特色的独立中介行业发展，在市场上的作用也越来越大。

这一阶段的资产评估仅仅是个体的、尚无专业组织、评估仅凭个人经验，资产评估经验还尚未上升到理论高度。经验（初级）评估阶段的评估人员积累了一定评估经验和专业评估水平，比较频繁地参与评估业务活动，在资产评估业务中收取相应的报酬，评估的结果具有一定的准确性，并对评估活动负有一定责任。由此可见，经验（初级）评估阶段的资产评估具有经验性、责任性和有偿性的特点。

第三，科学（现代）评估阶段。工业革命带动资本主义经济飞速发展，资产交易日益扩大。社会对资产评估的要求越来越高，需求也越来越急切，促使资产评估向职业化发展。资产评估人员在开展工作中积累了足够的经验、评估资料，为顺应市场经济发展的趋势，水到渠成地实现了公司行为，由此资产评估进入了科学（现代）评估阶段。

此时，资产评估工作也逐步向规范化发展。评估准则是由行业自律协会统筹、制定的统一的、唯一的行业准则。评估师也有了明确的职业道德规范以及具体的评估程序。对于评估师的资格认定也越来越严格，有了规范化的规定和要求。在此阶段，我国的市场经济不断发展，带来了市场上交易规模的扩大和交易形式的多样性，使得资产评估的业务范围也不断扩展，该阶段无形资产的价值评估也开始进入评估的业务范畴中。资产评估业务范围甚至可以以评估对象的行业或评估对象的性质进行细化，如机械评估、金融资产评估等。在此阶段，资产评估的理论研究也受到了高度重视，促使评估方法越来越科学化，并提升了评估结果的准确性。

概括起来，科学（现代）评估阶段的资产评估具有以下特点：评估机构的公司化经营模式、评估方法的科学运用、评估人员的专业性提高和评估结果的法律化不断推进。在此阶段，作为独立法人的评估机构需要自负盈亏，为了在市场竞争中获取更好的效益，积极地扩展评估手段或方法，如将现代科技融入评估工作中，更加注重评估业务知识的掌握和积累，对资产评估人员进行职业化规范和培训，努力提升评估结果的准确性。在科学（现代）评估阶段，资产评估的范围得到极大的拓展，资产评估的内容极其丰富。当然，此阶段的资产评估规范化的最鲜明特点就是评估机构和评估人员对评估结果负有法律责任。

此时，我们可以将科学（现代）评估阶段的资产评估定义为由资产评估机构和专业人员，运用科学的方法、遵循统一的评估原则和规定程序，对评估对象的价值估算、评定的过程。

二、资产评估的发展现状

资产评估在市场经济发展中发展、壮大。在很大程度上，市场经济越发达国家，资产评估业务范围越广，对资产评估的要求也就越高，推动着资产评估行业快速进步，基本上代表了目前资产评估的发展水平和现状。

从总体上看，市场经济发达国家资产评估具有以下特点：作为独立法人的评估机构需要自负盈亏，为了在市场竞争中获取更好的效益，积极地扩展评估手段或方法，如将现代科技融入评估工作中，更加注重评估业务知识的掌握和积累，对资产评估人员进行职业化规范和培训，努力提升评估结果的准确性。在科学（现代）评估阶段，资产评估的范围得到极大的拓展，资产评估的内容极其丰富。评估机构和评估人员对评估结果负有法律责任，这促使资产评估更加规范化。同时，市场经济发达国家（如英国、美国、澳大利亚）都在努力实现评估技术规程和评估职业道德规范化，经过不懈努力形成了本国相对统一的评估规则，各类资产评估机构和评估人员基本上具有统一的执业标准。

从发展趋势上看，在市场经济发达国家，资产评估领域不断扩大，评估对象越来越细化，资产评估越来越专业化，评估规范、理念等越来越趋同。评估领域不断扩大主要是指，从为产权交易服务为主向为产权交易服务与非产权交易服务并重的方面发展。与资产评估分工细化、专业化的趋势相对应的是一些专业性的分门别类的资产评估机构和专业评估师应运而生，其特点是执业范围集中在某一专业技术领域，专业化程度高、专业技术服务水准较高。与此同时，相应的专业性评估规范不断涌现。评估规范、理念等越来越趋同是指，专业的评估规范相继出现，但是其理念等越来越相似，只是细节有所不同而已。各专业的评估技术规范的内容和要求不再是各自完全独立、彼此互不联系、"各自为战"的局面。

第二节　我国资产评估的发展历程

在国外，资产评估作为一个独立的社会中介行业，已经有 100 多年的发展史，但是我国在 20 世纪 80 年代末及 90 年代初才开始出现。历经 20 余年的发展，资产评估行业在我国市场经济发展过程中发挥着至关重要的作用，如在公共利益、公共财产、证券和金融市场、税源和财政收入、多元化主体利益等方面的作用。

纵观我国资产评估业的发展历程，大致可分为以下三个阶段，即产生阶段、发展阶段、规范化阶段。

第一，产生阶段。20 世纪 80 年代末，当时经济体制改革和国有资产管理体制改革开始在我国出现，在此过程中国有资产流失的现象非常严重，为保护我国的国有资产，资产评估行业应运而生，在此阶段，资产评估行业发挥着管理国有资产、维护国有资产权益的重要作用。1988 年，罗纳德·格尔根（美国评值联合公司的副总裁）和罗伯特·芬博达（美国评值联合公司的高级评估师），应中国企业培训中心（受国家体制改革委员会委托）的邀请来到北京，在资产评估研讨班上讲授评估的理论与实务，使我国的专业人员开始学习资产评估理论知识。当年，位于我国辽宁省大连市的资产评估中心设立，表明我国开始对股份制改制相关的产权变动中的国有资产进行价值评估。1989 年，《关于国有资产产权变化时必须进行资产评估的若干暂时规定》等文件颁布，开始从制度上规定资产评估。1990 年 7 月，国有资产管理局资产评估中心成立，其成为我国唯一的全国性资产评估管理机构，为我国资产评估的全面展开提供了组织保证。1991 年，我国国有资产评估制度基本形成，资产评估行业的基本法规和制度相继颁布，初步奠定了我国资产评估行业体系的法律基础。

第二，发展阶段。1993 年 12 月 10 日中国资产评估协会的成立标志着我国资产评估行业开始进入行业自律管理，当然这种行业自律管理是在政府监督指导下进行的。1993 年以后，资产评估行业的准入制度开始完善，注册资产评估师考试和注册制度建立，我国评估行业的机构和人员数量增长幅度巨大并得以飞速发展。1995 年 5 月，我国相继公布了注册资产评估师考试和签字制度，从而注册资产评估师制度正式建立并开始组织了全国统一考试，我国第一批注册资产评估师正式上岗执业。自此，我国资产评估行业的发展初具规模。

第三，规范化阶段。以《资产评估操作规范意见（试行）》（1996 年 5 月）的发布为标志。根据政府体制改革方案，中国资产评估协会于 1998 年划归财政部，相应的行业管理也归于财政部。财政部的管理是行政管理，而由中国资产评估协会进行行业自律管理。中国在 1999 年的北京国际评估准则委员会年会上成为国际评估准则委员会常任理事国，我国资产评估业也越来越多地得到国际评估界的认可。2000 年，《国有资产评估违法行为处罚办法》等六个配套改革文件相继被财政部制定，行业自律管理得到了强化。截至 2016 年 6 月底财政部共正式颁布了多项资产评估准则。相关评估准则，如表 3-1 所示。可以说，我国比较完整的、既适应中国国情又与国际接轨的资产评估准则体系已初步建立起来，我国资产评估业已经走上全面规范化发展的新阶段。

表 3-1 评估准则发布情况汇总

序号	准则项目名称	发布文号	发布日期	实施日期	备注
1	资产评估准则——无形资产	财企〔2001〕1051 号	2001-07-23	2001-09-01	2008 年更新后废止
2	注册资产评估师关注评估对象法律权属指导意见	会协〔2003〕18 号	2003-01-28	2003-03-01	
3	珠宝首饰评估指导意见	中评协〔2003〕1 号	2003-01-28	2003-03-01	2009 年更新后废止
4	资产评估准则——基本准则	财企〔2004〕20 号	2004-02-25	2004-05-01	
5	资产评估职业道德准则——基本准则				

续表

序号	准则项目名称	发布文号	发布日期	实施日期	备注
6	企业价值评估指导意见（试行）	中评协〔2004〕134 号	2004-12-30	2005-04-01	2011 年更新后废止
7	金融不良资产评估指导意见（试行）	中评协〔2005〕37 号	2005-03-21	2005-07-01	
8	以财务报告为目的的评估指南（试行）	中评协〔2007〕169 号	2007-11-09	2007-12-31	
9	资产评估准则——评估报告				
10	资产评估准则——评估程序				
11	资产评估准则——业务约定书				
12	资产评估准则——工作底稿	中评协〔2007〕189 号	2007-11-28	2008-07-01	
13	资产评估准则——机器设备				
14	资产评估准则——不动产				
15	资产评估价值类型指导意见				
16	资产评估准则——无形资产				取代 2001 年发布的无形资产评估准则
17	专利资产评估指导意见	中评协〔2008〕217 号	2008-11-28	2009-07-01	
18	企业国有资产评估报告指南				
19	资产评估准则——珠宝首饰	中评协〔2009〕211 号	2009-12-28	2010-07-01	取代 2003 年发布的珠宝首饰评估指导意见
20	投资性房地产评估指导意见（试行）				

续表

序号	准则项目名称	发布文号	发布日期	实施日期	备注
21	金融企业国有资产评估报告指南	中评协〔2010〕213号	2010-12-28	2011-07-01	取代2004年发布的企业价值评估指导意见
22	评估机构业务质量控制指南	中评协〔2010〕214号	2010-12-28	2011-07-01	
23	著作权资产评估指导意见	中评协〔2010〕215号	2010-12-28	2012-01-01	
24	资产评估准则——企业价值	中评协〔2011〕227号	2011-12-30	2012-07-01	
25	商标资产评估指导意见	中评协〔2011〕228号	2011-12-30	2012-07-01	
26	实物期权评估指导意见（试行）	中评协〔2011〕229号	2011-12-30	2012-07-01	
27	资产评估准则——利用专家工作	中评协〔2012〕244号	2013-03-19	2013-07-01	
28	资产评估准则——森林资源资产	中评协〔2012〕245号	2013-03-19	2013-07-01	
29	资产评估职业道德准则——独立性	中评协〔2012〕248号	2013-03-19	2013-07-01	
30	知识产权资产评估指南	中评协〔2015〕82号	2015-12-31	2016-07-01	
31	文化企业无形资产评估指导意见	中评协〔2016〕14号	2016-05-13	2016-07-01	

备注：此表主要来自中国财政经济出版社出版的《2013年全国注册资产评估师考试用书——资产评估》，并经作者整理而成。

第三节　我国资产评估管理与规范

通过行业的管理和规范，可以形成一套适合我国的资产评估制度，使资产评估行业沿着统一、科学、法制的轨道健康发展。从而，不断培养和提高资产评估从业人员的业务素质，保证评估结果的客观性和公正性。

一、资产评估管理体制

资产评估必须有专门的机构来监管，才能保证其专业性和规范性。行业管理体制包括对该行业进行管理所形成的管理制度和管理体系。由于各国不同的政治、经济环境，造成各国资产评估行业管理体制也存在差异。

1. 资产评估行业管理模式

资产评估业的管理模式包括政府管理模式、行业自律管理模式、政府监管下的行业自律管理模式三种。

处于政府管理模式下的资产评估，一切都是在政府行政管理部门管理下进行的，包括人员资格、机构、项目等。由计划经济向市场经济转换过程中的国家（如我国改革开放初期），较适合这种管理模式。因为经济转型时期，法律不是特别完善，行业准则尚未制定，由政府行政管理部门进行管理是十分必要的。这种管理模式也存在着评估结果有失公允和评估体系混乱的局限性和弊端。

处于行业自律管理模式下的资产评估，准则和规范是在评估行业内形成，并在行业协会（社会自发形成的）管理之下开展工作的。这种管理模式较适合于资产评估业成熟且市场经济发达的国家（如美国、英国等）。这种管理模式在有利于提高行业业务水平的同时，也存在着缺乏与政府的沟通，可能产生对社会经济造成不利影响的弊端。

而政府监管下的行业自律管理模式则兼具上述两种模式的特点。

2. 我国资产评估管理体制

资产评估在初期纯粹处于政府管理之下。国家国有资产管理局是资产评估的行政主管部门。但是，作为中介服务行业，资产评估必然会由纯粹的政府行政管理阶段逐步向政府监督指导下的行业自律管理过渡。

我国资产评估行业由政府直接管理开始向政府指导下的行业自律管理过渡是以 1993 年 12 月成立的中国资产评估协会为标志的。1994 年 7 月，国有资产管理局将国有资产管理局资产评估中心并入中国资产评估协会，作为中国资产评估协会常设办事机构，使其成为国家最具权威性的行业组织，从根本上解决其独立性较差和职能重叠的问题。但是，这种模式将行政与行业自律混于一体，行业的健康发展受制于行政牵绊。

1998 年，财政部将国有资产管理局并入，并专门成立了财产评估司对资产评估行业进行行政管理，作为社团组织的中国资产评估协会承担行业管理职能。

二、资产评估管理机构

政府部门和行业协会构成了我国资产评估管理机构。政府部门（国有资产管理部门）对资产评估进行行政管理，行业协会（中国资产评估协会）对资产评估行业进行自律管理。

作为法规与行政管理主体的国有资产管理部门，其主要职责是，审批中央级国有企业和中央级行政事业单位经济活动（包括承包、租赁、合资、参股经营和兼并、拍卖、破产清算等）中涉及国有资产产权变动、价值评估和财务处理问题。在国有资产管理部门内部行使资产评估工作管理权的原则是"统一政策、分级管理"，即中央管辖的国有资产评估事宜由国家国有资产管理部门负责组织、协调和管理，地方各级政府管辖的国有资产评估事宜由地方各级国有资产管理部门负责组织、协调和管理。

中国资产评估协会作为一个经过登记注册的社团法人，由资产评估机构和具有较高资产评估专业知识的人员所组成，于 1993 年 12 月宣告成立，是在财政部和民政部的指导、监督下的全国性的资产评估行业自律组织。中国资产评估协会是连接评估机构、评估从业人员与政府的桥梁和纽带。资产评估协会将从业人员的诉求反映给政府，将政府的法规政策宣传给评估机构和从业人员，协助政府进行管理。

三、资产评估机构与人员管理

资产评估机构的组织状况及其专业人员的素质对资产评估的质量具有重要影响。评估人员良好的专业素质、资产评估机构科学的设置、行业的严格准入管理，是资产评估工作能够顺利进行的基本条件。

1.资产评估机构管理

资产评估机构是指经国家有关部门批准成立的社会公正性服务中介机构，能够依法直接独立从事资产评估业务，是自主经营、自负盈亏的独立法人，同时具有依法纳税、独立承担法律责任的义务。

（1）资产评估机构的性质和组织形式

符合我国法律和法规的资产评估机构需具备以下两个条件才符合《资产评估机构审批管理办法》（2005年6月1日起施行）的规定，即①机构名称中应该包含"资产评估"的字样；②必须持有资产评估资格证书（国有资产管理行政主管部门颁发）。资产评估公司（事务所）、会计师事务所、财务咨询公司等是我国目前从事资产评估相关业务的主要机构。目前，我国允许的资产评估机构组织形式是合伙制或者有限责任公司制。

（2）资产评估机构的设立

国家对资产评估机构实行归口分级管理体制。工商行政管理部门负责资产评估机构的工商注册管理，国务院证券监管机构负责股票发行、上市的资产评估机构的资格管理。在国有资产管理部门内部行使资产评估工作管理权的原则是："统一政策、分级管理"。评估协会将从业人员的诉求反映给政府，同时将政府的法规政策宣传给评估机构和从业人员，配合政府对资产评估机构和人员进行管理。

（3）资产评估机构的收费管理

作为自负盈亏的独立法人，资产评估机构采用的是有偿服务制度。在承担资产评估业务时应按一定标准和比率收取评估费用，通常采用差额定率累进收费办法。所谓差额定率累进收费办法是指分档收费，将评估资产按价值划分收费档次，每个档次对应相应的收费额，收费总额为各档收费额之和。

2.资产评估专业人员的管理

（1）评估专业人员的专业素质

该类人员包括评估机构从事评估业务的自有及外聘的专业技术工作人员，其专业技术水平和政治素养的高低，决定着评估机构的基本素质和资产评估报告书的质量。专业人员必须具备符合职业标准的良好道德素质和业务素质。

道德素质基本要求包括：①遵纪守法；②客观公正；③廉洁自律。

业务素质基本要求包括：①具有必备的专业知识和中等以上文化程度；②知识面广泛；③积累丰富的实践经验，在具体评估操作中具有较娴熟的评估技巧和计算技术，能得出科学、满意的评估结果；④具有较高的分析、运用处理信息资料的能力；⑤具有准确的判断能力。

（2）我国的注册资产评估师制度

为使评估人员合理发挥其积极的中介服务职能，使他们深入认识其专业责任，按照社会主义市场经济的要求和国际通行做法，我国实行注册资产评估师管理制度对资产评估执业人员进行管理。

所谓注册资产评估师是指，按照规定的程序，具备法定条件且经过考试或考核合格取得注册资产评估师《执业资格证书》的资产评估执业人员。在我国，注册资产评估师管理制度由中国资产评估协会组织实施。1995年5月10日，《注册资产评估师执业资格考试实施办法》和《注册资产评估师执业资格制度暂行规定》发布，奠定了注册资产评估师执业资格制度的基础。

四、资产评估规范

资产评估规范是在评估工作中评估主体应当遵守的行为准则和业务标准。从资产评估人员的职业行为上来说，应制定职业道德准则来明确评估师对被委托人、对国家、对社会和对同行等的责任；从资产评估人员的职业技术上来说，应制定资产评估准则来指导评估师在评估过程中的执业行为；从资产评估机构内部管理上来说，规范资产评估机构制定的质量控制准则，提高评估质量和资产评估人员的业务能力、素质；从资产评估的内容上来说，各种具体的评估准则、规范指南和指导意见等应及时制定、完善，要求资产评估人员严格遵照执行，更好地发挥其评价和评值的功能与作用。

建立、健全资产评估规范，有利于指导、提高评估机构和评估人员的执业能力水平。评估人员只有遵循评估规范去执业，才能保证评估工作质量及评估结果的可信程度，才能赢得社会公众的信任。

资产评估规范体系是指由各项评估规范的内容组成的有机整体，主要包括业务准则、质量控制准则、职业道德准则、评估法规和其他评估规范。科学的资产评估规范体系应该具备以下特点：①实践性。不是一套虚空的规章制度，而是能切实地指导实务，发挥评估规范真正的作用，具备评估人员具体遵守的可操作性。②完整性。能够对评估人员的职业素养、执业质量、执业标准等方面进行规范，全面监督和管理整个评估行业。③层次性。资产评估规范分为不同的层次，各个层次的资产评估规范仅是从制定的主体角度分类的，而与评估规范的内容无关。④规范性。资产评估规范的规范性是指其内容具有相对的稳定性、长期性，并且以正规的文件形式予以发布。

1. 资产评估法规

资产评估法规通常是指对资产评估机构的设置、职权、评估范围、评估行为、评估责任等做出的原则性规定，应由国家权力机构和行政机构制定。

我国资产评估法律规范体系以《国有资产评估管理办法》（我国第一个关于资产评估管理的行政法规，发布于1991年11月16日）为主干，以关于资产评估的规章制度为主体，以其他相关法律、司法解释和规章制度为补充，初步形成了一套资产评估法律规范体系。在这个体系中，既有专门的规章制度和行政法规，也有规范性的法律、法规和规章制度，从不同方面对资产评估进行管理和治理。从法规层次看，囊括了国务院、全国人大及其常委会和政府部门颁布的行政法律、法规、部门规章和规范性文件；从法规内容看，综合性的管理法和单项的专门规定俱全。法规的内容从资产评估综合管理到体制改革，涵盖了资产评估相关的方方面面。表3-2为资产评估相关的法律、法规和规章制度（主要部分），颁布机构为全国人大及其常委会和政府部门及管理机构。

表3-2 资产评估相关的法律、法规和规章制度（主要部分）

名称	制定单位	备注
《国有资产评估管理办法施行细则》	原国家国有资产管理局	关于资产评估综合管理方面
《注册资产评估师执业资格制度暂行规定》	原人事部与原国家国有资产管理局	关于资格管理与考试方面

续表

名称	制定单位	备注
《关于调整注册资产评估师执业资格考试有关规定的通知》	原人事部与财政部	关于资格管理与考试方面
《注册资产评估师执业资格注册管理暂行办法》	原国家国有资产管理局	关于注册管理方面
《资产评估机构审批管理办法》	财政部	关于机构管理方面
《注册资产评估师后续培训制度（试行）》	财政部	关于后续教育方面
《关于改进资产评估确认工作的通知》	财政部	关于评估项目管理方面
《资产评估操作规范意见》	原国家国有资产管理局	关于执业规范方面
《关于资产评估机构脱钩改制的通知》	财政部	关于体制改革方面
《关于资产评估收费管理暂行办法》	国家物价局与原国家国有资产管理局	关于评估收费和财务管理方面
《公司法》	全国人大或人大常委会	关于资产评估公司化方面
《关于审理证券市场因虚假陈述引发的民事赔偿案件的若干规定》	最高人民法院	司法解释
《关于冻结、拍卖上市公司国有股和社会法人股若干问题的规定》	最高人民法院	司法解释
《最高人民法院关于人民法院民事执行中拍卖、变卖财产的规定》	最高人民法院	司法解释
《关于经济犯罪案件追诉标准的规定》	最高人民检察院、公安部	司法解释
《关于年检工作若干问题的意见》	国家工商行政管理局	规章制度
《公司注册资本登记管理暂行规定》	国家工商行政管理局	规章制度
《公开发行股票公司信息披露实施细则（试行）》	中国证监会	规章制度
《证券市场禁入暂行规定》	中国证监会	规章制度

备注：此表经作者手工整理得到。

2.资产评估职业道德准则

关于资产评估人员从业时的道德行为准则主要体现在资产评估职业道德准则中，它分为基本准则和具体准则两个层次。《资产评估职业道德准则——基本准则》，2004年2月25日由财政部发布，共6章32条，自2004年5月1日起施行，从多个方面规范了评估师职业道德行为。

《资产评估职业道德准则——基本准则》，是资产评估从业人员在从事资产评估工作时应当遵守的职业道德行为规范，体现在职业荣誉、职责、良知、理想、态度、专业能力和纪律等内容上，是社会道德在资产评估行业中的一种表现，也是在职业道德范围内，中介服务职业道德对资产评估行业职业道德的具体要求。

（1）注册资产评估师基本职业道德规范

注册资产评估师基本职业道德规范，是指贯穿于整个资产评估业务全过程中注册资产评估师应当遵循的基本道德规范，要求注册资产评估师恪守公正、独立、客观的原则，要求注册资产评估师遵纪守法、履行责任等。

（2）注册资产评估师具体职业道德规范

注册资产评估师具体职业道德规范，明确规定了在承揽业务、接受业务、评定价值、信息披露等过程中注册资产评估师应当遵循的职业道德，与注册资产评估师基本职业道德规范共同构成了注册资产评估师职业道德规范。

注册资产评估师要恪守公正、独立、客观的原则，要遵纪守法、履行责任，要具备专业胜任能力，等等，这些都是基本职业道德规范的要求。除此之外，注册资产评估师还应遵守以下各个不同执业环节的具体的道德规范。

①承接业务过程中的具体职业道德规范。具体体现在以下几个方面：注册资产评估师不能以个人名义执业，必须在一家（不能多家）评估机构内执业；在承揽和接受业务时，应主动回避存在利害关系的委托方或相关当事方；在接受资产评估业务时，应诚信、规范地签订协议（合同）。

②评定价值过程中的具体职业道德规范。具体有以下几个方面的要求：注册资产评估师在进行评估工作时，不能简化程序，不能降低标准，应严格遵守执业程序和标准；注册资产评估师在进行评估工作时，

不能依据他人提供或预设的价值量作为评估结果，应进行专业的分析、估算并独立完成；注册资产评估师在进行评估工作时，职业判断和分析应该在收集丰富的相关数据和材料的基础上进行，并且分析要充分；注册资产评估师在进行评估工作时，不但要严格要求自己执行执业标准、职业道德规范和执业程序，还要督促和复核参与评估人员的工作。最后，应该保存详细的工作底稿，并按相关管理规定保存。

　　③评估结论披露过程中的具体职业道德规范。具体有以下几个方面的要求：根据资产评估准则和相关法律、法规出具评估报告；声明不承担相关当事人决策，协助评估报告使用者正确使用评估报告，并让其合理理解评估报告；不允许他人代签或签署本人未参与的评估报告；在评估过程中，不能向相关人员或机构索取额外的钱财或利益。

3. 资产评估业务准则

　　资产评估业务准则指导评估人员如何进行评估，并规定了评估人员在具体评估工作中应遵守的操作规范。通常情况下，资产评估业务准则是由职业团体制定的。中国注册评估协会总结了资产评估理论研究和实践经验，从 1996 年起，开始启动制定资产评估业务准则工作，并初步建立起了评估业务准则体系。至今为止已发布的业务准则有：中国资产评估协会于 2004 年 2 月发布的《资产评估准则——基本准则》，2007年 11 月 28 日发布的《资产评估准则——评估报告》等 6 个具体准则和《资产评估价值指导意见》等，2003 年 1 月发布的《珠宝首饰评估指导意见》和《注册资产评估师关注评估对象法律权属指导意见》，2004 年 12 月发布的《企业价值评估指导意见（试行）》，2005 年 3 月发布的《金融不良资产评估指导意见（试行）》，2008 年 12 月 28 日发布的《资产评估准则——无形资产》，2009 年 12 月 28 日发布的《资产评估准则——珠宝首饰》和《投资性房地产评估指导意见（试行）》，2011年 12 月 31 日发布的《企业价值评估指导意见（试行）》等。

　　资产评估工作的专业性很强，所以世界各国和地区都根据需要制定了用于指导注册资产评估师执业的资产评估准则。判断一个国家或地区评估业发展的综合水平的条件之一就是该国或地区资产评估准则的完善和成熟程度。我国通过总结资产评估理论研究和实践经验，从 1996年起，开始启动制定资产评估业务准则工作。

我国资产评估准则体系，从横向上来说包括业务准则和职业道德准则两个部分；从纵向关系上划分，分为不同的层次，其中，资产评估职业道德准则分为基本准则和具体准则两个层次。业务准则包括以下四个层次，如图3-1所示。

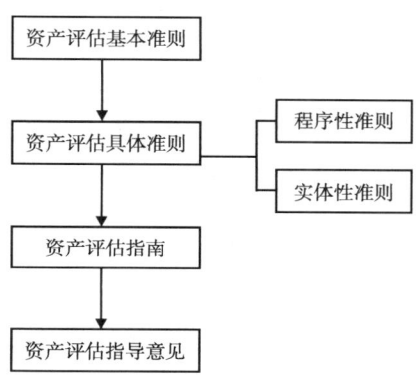

图 3-1 我国资产评估业务准则体系

资产评估业务准则是指资产评估业务活动中所涉及的一系列规范（包括评估的依据、方法、对象和程序等）的总称。我国已颁布的资产评估业务准则包括以下四个方面。

（1）《资产评估准则——基本准则》

《资产评估准则——基本准则》共6章27条，发布于2004年2月25日，实行于2004年5月1日，属于业务性准则的基本准则，对资产评估进行重新定义，提出了评估师执业的基本要求，原则性规范了评估操作和评估信息披露环节，明确了执业权责。

（2）资产评估具体准则

程序性准则和实体性准则共同构成了资产评估具体准则。程序性准则是注册资产评估师为完成评估业务、保证评估质量而必须履行的规定的专业程序规范。现已发布的程序性准则有：《资产评估准则——评估程序》《资产评估准则——业务约定书》《资产评估准则——评估报告》《资产评估准则——评估工作底稿》。不同资产类别具有不同的特点，评估师执业行为也因此而不同，实体性准则就是对评估师在不同类别资产评估业务中的执业行为进行了规范。已发布的实体性准则有：《资产评估准则——机器设备》《资产评估准则——珠宝首饰》《资产评估准则——不动产》《资产评估准则——无形资产》。

（3）资产评估指南

随着公允价值计算在会计领域越来越多地被应用，我国于 2006 年在新发布的会计准则中将其引入。2007 年 11 月 9 日，《以财务报告为目的的评估指南（试行）》（以下简称《指南》）发布，以服务于为公允价值提供专业意见的评估业，从 2007 年 12 月 31 日起施行。《指南》共 7 章 45 条，分为"总则""基本要求""评估对象""价值类型""评估方法""披露要求"和"附则"。《指南》明确提出了注册资产评估师服务于以财务报告为目的的业务领域，既包括分析、估算财务报告中各类资产和负债的公允或特定价值，也包括开展的与价值估算相关的其他业务。《指南》明确了以财务报告为目的的评估业务中的评估对象和评估过程中需要重点关注的事项。中国资产评估协会于 2008 年 11 月 28 日发布了《企业国有资产评估报告指南》，于 2012 年 12 月 18 日发布了《评估机构业务质量控制指南》以及《金融国有资产评估报告指南》。

（4）资产评估指导意见

截至 2016 年 6 月底，我国发布的资产评估指导意见（中国资产评估协会制定）包括以下文件：《企业价值评估指导意见（试行）》《金融不良资产评估指导意见（试行）》《注册资产评估师关注评估对象法律权属指导意见》《资产评估价值类型指导意见》《专利资产评估指导意见》《投资性房地产评估指导意见（试行）》《著作权资产评估指导意见》。自此，我国资产评估准则已经形成了包括资产评估业务准则和资产评估职业道德准则在内的完整的准则体系，如图 3-2 所示。

4. 资产评估质量控制准则

资产评估质量控制准则主要规范评估机构的质量控制行为，为保证评估工作的质量提供指导性意见并采取相应的具体措施。评估质量控制准则通常也由评估主管部门或职业团体制定。在 2010 年以后，我国借鉴国际上全面质量控制的思路，在总结评估机构内部质量管理基础上，将质量控制方面扩展为准则规范的内容，并于 2010 年 12 月 28 日发布了《评估机构业务质量控制指南》。

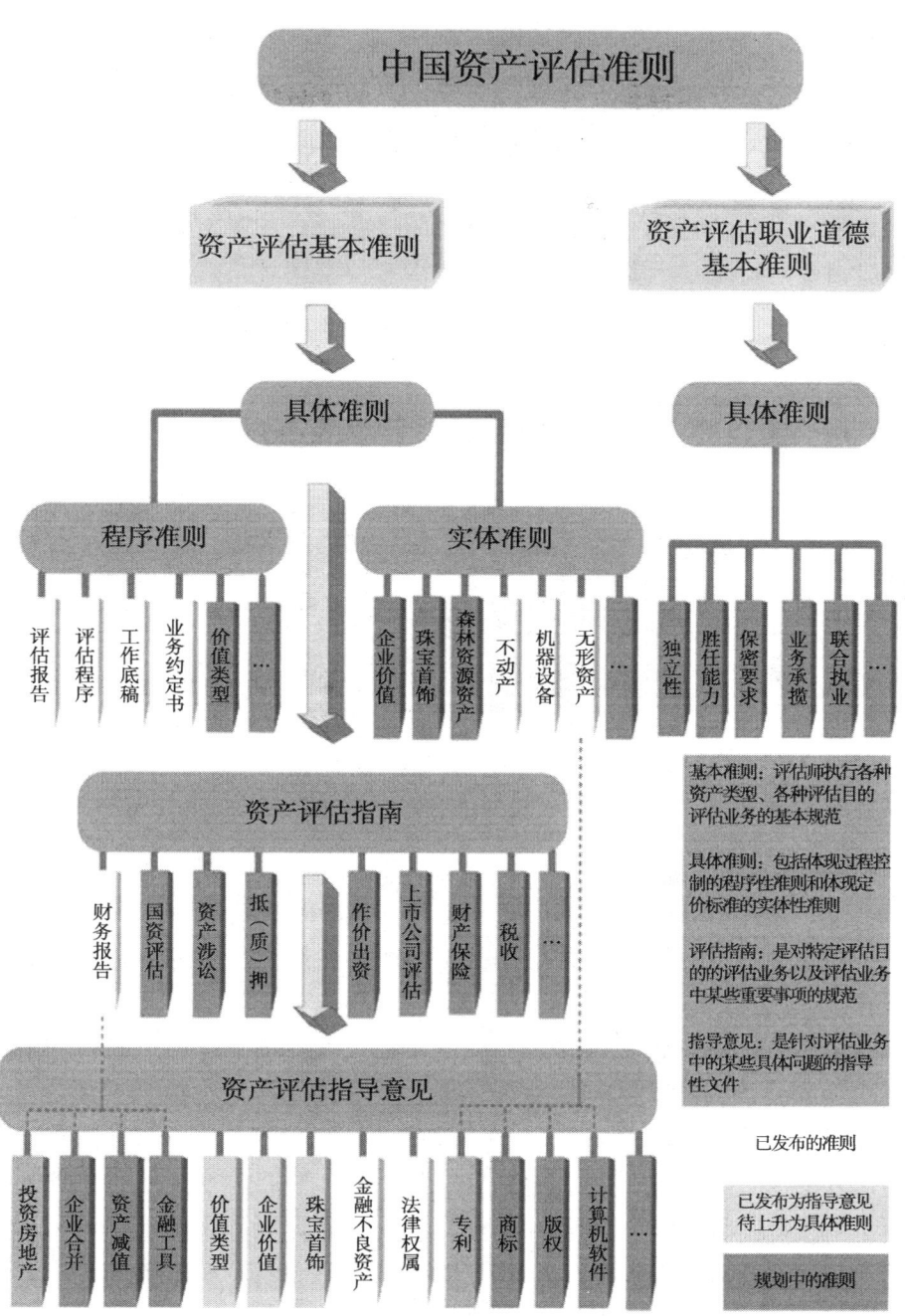

图 3-2　中国资产评估准则体系

备注：此图出自中华人民共和国财政部官网。

5. 其他评估规范

其他评估规范是指上述评估规范以外的评估规范。其他评估规范的内容比较杂，主要是对上述评估规范没有涉及或涉及不深、需要进一步明确规范的事项，或者虽然规范已经涉及，而且比较具体、明确，但尚不成熟，有待今后进一步强化、提高的事项做出的规定。其他评估规范一般由资产评估主管部门或职业团体制定。其他评估规范最常见的是财政部和中国资产评估协会发布的有关"实施办法"或"暂行规定"等。

第四节　资产收购关联交易中的资产评估现状

关于并购重组中资产评估的情况，我国的学者进行了研究，其中包括陆德民（2000）、耿建新（1999）和肖时庆（2001）的研究。从总体上来说，随着我国资产评估行业发展越来越规范，上市公司并购重组交易中的资产评估增值率呈现逐年下降的态势，这也说明我国对资产评估行业的监管起到了积极的作用。本部分选取 2007—2012 年披露的以与第一大股东之间的关联资产收购为目的进行的资产评估报告作为研究样本，展示资产收购关联交易中的资产评估的现状。

一、关联资产收购价值评估和交易定价

在 2007—2012 年关联资产收购交易中，评估价值和最终的交易价格之间的关系如表 3-3 所示。在本书的 236 个样本中，总体来看，有 82.8% 的样本最终的交易价格与评估价值完全相符，4.24% 的样本基本相符，而仅有 13.56% 的样本的交易价格与资产评估价值不相符。从表 3-3 中可以看出，资产评估已经成为我国产权交易中确定交易价格的重要依据。从每个年度分别来看，2007 年交易价格和评估价值相符占 79.49 %，在之后的 5 年中，交易价格与评估价值相符的比例均超过了 80%，特别是在 2010 年，这一比例超过了 95%。由此可见，资产评估已经成为我国产权交易中不可或缺的一环。

表 3-3　不同年份交易资产评估价值和交易价格关系

年度	完全相符（评估价值和交易价格差异度<1%）	比例	基本相符（评估价值和交易价格差异度1%～5%之间）	比例	不相符（评估价值和交易价格差异度>5%）	比例	合计
2007	26	66.67	5	12.82	8	20.51	39
2008	35	79.55	2	4.55	7	15.91	44
2009	34	89.47	0	0	4	10.53	38
2010	36	94.74	1	2.63	1	2.63	38
2011	33	78.57	2	4.76	7	16.67	42
2012	30	85.71	0	0	5	14.29	35
合计	194	82.2	10	4.24	32	13.56	236

表 3-4 列示了各行业的公司中交易资产价值评估和交易价格关系。在各个行业中，资产评估值和交易价格的相符度都非常高。因此，在各个行业中，资产评估的结果均是确定交易价格的最重要依据。

表 3-4　不同行业的交易资产评估价值和交易价格关系

行业	完全相符（评估价值和交易价格差异度<1%）	基本相符（评估价值和交易价格差异度1%～5%之间）	不相符（评估价值和交易价格差异度>5%）	合计
A	1	0	0	1
B	15	2	2	19
C	116	4	20	140
D	9	0	1	10
E	1	0	0	1
F	17	1	4	22
G	5	0	0	5
H	8	1	0	9
J	4	2	4	10

行业	完全相符（评估价值和交易价格差异度 <1%）	基本相符（评估价值和交易价格差异度 1%～5% 之间）	不相符（评估价值和交易价格差异度 >5%）	合计
K	11	0	0	11
L	1	0	0	1
M	6	0	1	7
合计	194	10	32	236

二、资产评估增值率的变动趋势

资产评估增值率是资产评估结果中重要的结果指标。它是指资产的评估价值和资产的账面价值的差异与账面价值的比值，在评估资产价值时应该充分考虑资产在现时市场中的价值水平，反映的是资产在公平的市场交易中的价格。合理的资产评估溢价水平一般可以表明资产的历史账面价值偏离其真实市场价值的程度。但是，一些对资产评估增值率的研究（周勤业，2003）表明，大股东利用资产评估这一手段侵害中小股东的利益，这一手法用在向上市公司注入资产的重组方式中，表现为向上市公司注入资产的重组方式的评估增值率远远高于上市公司剥离资产的重组方式的评估增值率。

图3-2展示了2007—2012年资产评估增值率总体变化情况的研究样本。本书中资产评估增值率 =（资产评估价值-资产账面价值）/ 资产账面价值。从变化趋势来看，总体而言，资产评估增值率是下降的趋势。并且从2009年开始，资产评估增值率有了很大幅度的降低，这主要是因为近几年我国对整个评估行业的监管更为严格，行业的发展逐渐规范，证监会对于关联资产交易中的资产评估增值要求也越来越高，在这种情况下，必然会导致资产评估增值率的下降。

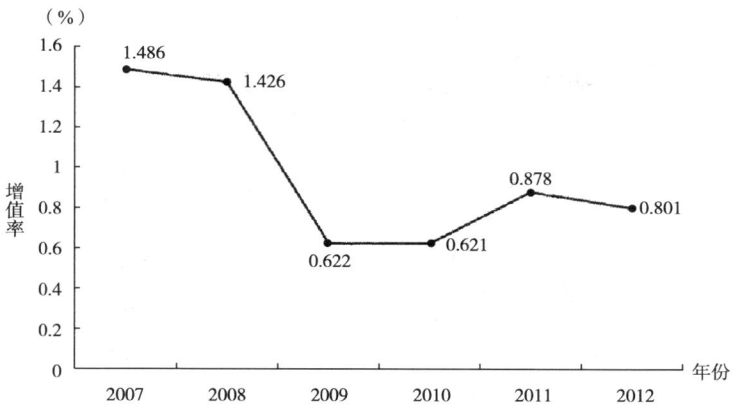

图 3-3　2007—2012 年资产评估增值率的变化趋势

表 3-5 展示了 2007—2012 年不同年度的资产评估增值率的描述性统计情况。对于总样本，资产评估增值率的均值为 0.669，中位数是 0.25，标准差为 0.961。各个年度资产评估增值率的变动也较大。

表 3-5　2007—2012 年资产评估增值率的描述性统计

年份	mean	sd	p25	p50	p75	样本数
2007	0.628	0.879	0.0631	0.342	0.783	39
2008	0.983	1.260	0.0766	0.338	1.522	44
2009	0.527	0.823	0.0627	0.270	0.680	38
2010	0.560	0.817	0.00570	0.169	0.969	38
2011	0.623	0.909	0.0138	0.219	0.974	42
2012	0.643	0.941	0.0798	0.230	0.740	35
合计	0.669	0.961	0.0490	0.250	0.882	236

不同评估方法的评估增值率如图 3-4 所示，从图中可以看出，收益法的评估增值率最高，达到了 127.23%，其次是多种方法结合的增值率为 104.66%，成本法的增值率为 53.12%，市场法的增值率最小，为 49.02%。

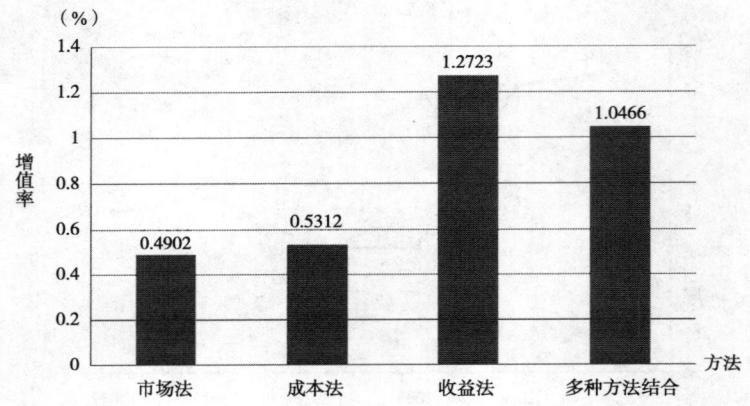

图3-4　不同评估方法下的资产评估增值率

　　不同行业的资产评估增值率如图3-5所示。其中，采掘业的增值率最高，为237.11%，主要是因为采掘业有大量的矿山等资产，评估的增值潜力巨大。其次是批发和零售业，排在第三位的是交通运输和仓储业。资产评估增值率最低的是社会服务业，主要是因为社会服务业的固定资产较少，带来的评估增值也相对较小。

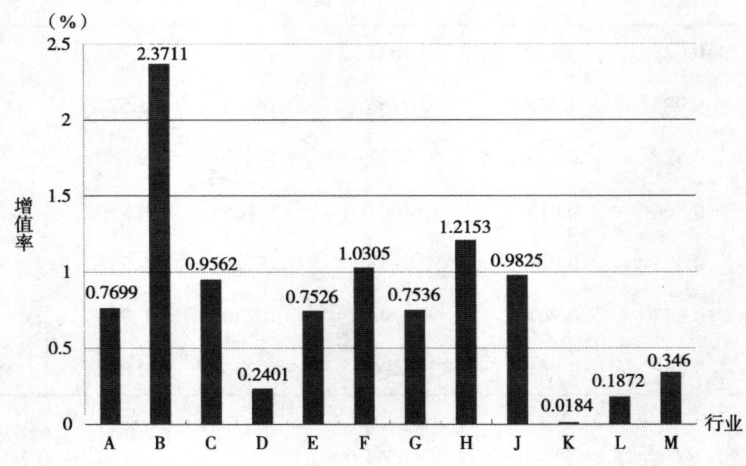

　　备注：A为农、林、牧、渔业；B为采掘业；C为制造业；D为电力、煤气及水的生产和供应业；E为建筑业；F为交通运输、仓储业；G为信息技术业；H为批发和零售业；J为房地产业；K为社会服务业；L为传播与文化产业；M为综合类。

图3-5　不同行业的资产评估增值率

三、评估方法的运用

资产评估是我国产权交易中交易双方确定公平交易价格的尺度，在保证交易顺利进行方面起着非常重要的作用。为使资产评估结果具有合理性、公正性，选择适当的评估方法十分关键，它是确定资产评估价值、完成评估任务的重要手段。评估方法按照分析原理和技术路线不同可以分为三种基本类型，即市场法、成本法和收益法。

市场法，也称现行市价法或市场比较法，它是根据现行公开市场上相同或类似资产的近期交易价格，经过直接比较或类比分析来估测资产价值的评估技术的总称。在应用市场法时最重要的是参照物的选取，首先应该选取该资产的现行市价，如果现行市价不能取得，就应在市场上选择相同或类似资产的现行市价或交易价格作为基础，再进行必要的调整，并以此为依据确定待评估资产的价格。这是因为理性的投资者在购置某项资产时，通常会货比三家，最后他们所愿意支付的价格不会高于市场上相同用途的资产的现行市价。市场法采用替代原则，通过比较和类比的方法来判断资产的价值。一般而言，市场法站在卖方的角度，通过考察市场普遍认同的实际交易价格，以此为参考来判断和估计被评估资产的市场价格，由此可见，交易各当事人都能够接受这一资产价格的确定方式。运用市场法，首先应该有一个活跃的公开市场，在该市场中存在资产交易活动，其次在公开市场上能够找到待评估资产的同类或者类似资产，只有具备了这两个条件才能够运用市场法。在资产评估实践中，市场法是评估中最直接、最具说服力的评估方法之一。

成本法，也称重置成本法，是以取得资产的重置成本为基础来确定资产价值的方法。运用成本法，首先应该通过合理的方法估测被评估资产的重置成本，进而对待估资产现存的不同贬损因素进行估测，最后用重置成本减掉贬值额得到待评估资产的价值。资产的贬值包括实体性、功能性和经济性的贬值。成本法的思路始终体现为"重置"二字。也就是说，如果被评估资产已经使用过一段时间，它必然存在一定的自然磨损，并且技术的不断进步和外部经济条件的变化都会使资产出现不同的贬值。成本法作为三大资产评估方法之一，在运用的过程中需要具备一定的前提：第一，待评估资产不能是未使用的资产，也就是说，该资产应该处于继续使用中，或者有足够的证据证明处于继续使用状态；第二，该资产应该具有可参考的历史资料，例如，历史购置成本、会计上的折旧年限，等等；第三，该资产形成资产价值的过程中，存在一定的耗费，并且这种耗费是必需的。成本法也是应用非常广泛的资产评估方法，这是因为资产的重置数据和信息相对比较充足，并且重置成本与现行市价和收益现值之间也存在紧密的联系。

收益法，又称收益现值法和收益还原法，是以资产的未来预期收益的现值为基础确定资产价值的方法。收益法也认为投资者是理性的，作为理性人，他们在购买所需资产时，愿意支付的金额通常会小于或等于该资产在未来使用的过程中带来的收益。因此，我们可以说，收益法是站在资产购买者的角度，将资产的未来收益视为资产价值。收益法以效用价值论为理论基础，即资产的价值越大，在未来所带来的收益越多。收益法也具有一定的使用前提，首先，待评估资产的预期收益能够被评估人员预测到，并且这种预期收益能够用货币计量；其次，待评估资产为其持有者带来收益的同时，也会给其带来一定的风险，收益法要求资产拥有者的风险评估人员能够预测到，且能用货币计量出来；最后，该资产预期未来能为其持有者带来收益的年限具有可预测性。由此可见，收益法适用于资产持续经营下能够不断获得收益的经营性资产。资产未来的预期收益是收益法评估资产价值的唯一衡量标准，这一结果也容易被资产交易各方所接受。

在资产收购关联交易中采用的基本评估方法也可以归纳为这三种。在资产收购关联交易中，相关资产的价值评估，可能涉及多种评估方法，在评估结论中，有的采用其中一种方法，有的综合多种方法。在表3-6中描述了236个样本披露的评估结论所运用的评估方法，其中，使用最多的是成本法，占63.98%；其次是市场法，占16.1%；收益法所占比重为11.86%；多种方法结合使用最少，占8.05%。

表3-7展示了不同行业的评估方法运用的统计结果。从中可以看出，大多数行业会选择成本法对交易标的资产进行评估。市场法的应用不是很广泛，这主要是因为我国的市场还不够发达，市场价值的确定存在较大的差异。而收益法的应用最少，主要是因为收益法折现率的确认难度很大，现阶段在我国还不容易采用。

表 3-6　资产评估方法的运用

年度	市场法		成本法		收益法		多种方法结合		合计	
	数量	比例	数量	比例	数量	比例	数量	比例	数量	比例
2007	7	17.95	27	69.23	3	7.69	2	5.13	39	100
2008	9	20.45	30	68.18	4	7.55	1	2.27	44	100
2009	10	26.32	20	52.63	5	13.16	3	7.89	38	100
2010	4	10.53	27	71.05	6	15.79	1	2.63	38	100
2011	5	11.9	26	61.9	8	15.69	5	11.9	42	100
2012	3	8.57	21	60	4	11.43	7	20	35	100
合计	38	16.1	151	63.98	28	11.86	19	8.05	236	100

表 3-7　不同行业评估方法的运用

行业	市场法	成本法	收益法	多种方法结合	合计
A	0	1	0	0	1
B	4	12	3	0	19
C	24	88	16	12	140
D	0	8	1	1	10
E	0	1	0	0	1
F	2	14	4	2	22
G	0	3	2	0	5
H	4	3	0	2	9
J	2	8	0	0	10
K	1	9	0	1	11
L	0	1	0	0	1
M	1	3	2	1	7
合计	38	151	28	19	236

第五节　本章小结

本章介绍了资产评估的发展历程和现状，通过对资产评估现状的分析，为本书的后续研究奠定了基础。资产评估的发展演变与社会经济条件的不断发展演变密切相关。发展至今其业务涵盖广泛，几乎囊括了企业间与资产交易相关的经济行为。在社会经济生活中，随着市场经济的发展，资产评估所发挥的作用以及所扮演的角色也在逐步发展变化，呈现出清晰的阶段性特征，表现为资产评估的不同发展阶段。资产评估的产生和发展，依据评估规范化程度，可分为三个阶段，即原始（产生）评估阶段、经验（初级）评估阶段和科学（现代）评估阶段。

资产评估在市场经济发展中发展、壮大。在很大程度上，市场经济越发达的国家资产评估业务的范围越广，对资产评估的要求也就越高；它们推动资产评估行业快速进步，基本上代表了目前资产评估的发展水平和现状。在国外，资产评估作为一个独立的社会中介行业，已经有100多年的发展史，但我国是在20世纪80年代末、90年代初才开始出现。历经20多年的发展，资产评估行业已经成为我国社会主义市场经济发展中一个不可或缺的中介行业。随着我国经济的发展，社会主义市场经济体制日益完善和产权主体的多元化，资产评估在多个领域发挥着越来越重要的作用，例如，在公共利益、公共财产、证券和金融市场、税源和财政收入、多元化主体利益等领域。

市场经济不断向前发展，各种市场经济制度日益完善，在这一过程的产权交易中，资产评估将发挥越来越重要的作用。在本章的最后介绍了资产收购关联交易中资产评估的现状，分析了资产收购关联交易资产评估价值和交易定价的关系、资产评估增值率的变动趋势，以及资产评估方法的运用。研究发现，在资产收购关联交易中，资产评估的应用非常普遍，已经成为确定资产定价的重要参考依据。

第四章　资产评估操纵的大股东动机研究

本章首先阐述了与资产评估操纵的大股东行为动机相关的代理理论、信息不对称理论、控制权收益理论和信号传递理论，为后续的研究奠定理论基础；其次基于资产评估操纵，分析了大股东行为（掏空和支持），并根据前人的研究成果，对非正常评估增值率进行了度量；最后基于上市公司的交易地位和非正常评估增值率的正负情况对掏空和支持进行了分类。

第一节　理论基础

一、代理理论

1. 股东与管理层的代理问题

经济学中的代理理论（Agency Theory）起源于 Berle 和 Means（1932）的开创性研究，其经典著作为《现代公司和私有产权》。在《现代公司和私有产权》一书中，Berle 和 Means 对美国 200 多个大公司的所有权结构进行了研究，在这些公司中，存在很多的投资者同时持有同一家公司的股份，他们的股权结构的共同特征是高度分散，在此股权结构下经理人员实际上掌握着公司的控制权，他们有机会和动机利用公司资源谋取个人私利。

自此之后，这种由 Berle 和 Means 在 1932 年发现的公司所有权高度分散模式曾一度被人们视为现代公司的基本特征。而 Alchian 和 Demsetz（1972）把企业看作是一种契约，这种契约发生在契约代理人与不同要素投入者之间，企业存在一个与其他签约人是非对称关系的中心签约人——中心签约人能够单方面决定成员资格，非对称关系集中体现在"剩余索取权"以及未被关注的"剩余控制权"上。

Jensen 和 Meckling（1976）继承和延续 Alchian 和 Demsetz 的契约联结的观点，企业是契约的联结（Nexus of Contracts），只是一种形式的法律虚构物，从而以此为依据，提出了分散股权结构下的代理理论。他们认为，股东与管理者之间、管理者与债权人之间、大股东与中小股东之间都存在着代理关系，而这种代理关系实为一种契约关系，即"代理关系是一个人或多个委托人赋予或授权另外一个代理人代为采取某些行为、执行某些决策的一项契约"。这种契约下，代理人即为委托人的合法代表，去履行委托人的职责或做出某些决策。委托人和代理人的利益被契约紧密地联系在一起。但是委托人和代理人作为理性经济人，他们的效用函数一般是不相同的，代理人不可能总是维护委托人的最大利益，他们的目标都是将自身利益最大化，而委托人监督代理人的经营活动又不可能没有任何成本，当双方发生利益冲突时，代理问题随之产生，从而导致代理成本。代理成本也称契约成本，是指企业所有者在企业所有权与经营权分离的情况下，对代理人的工作信息掌握不充分而造成的权益损失。Jensen 和 Meckling 的观点与研究为众多学者的后续研究（Myeong-Hyeon 和 Cho，1998；Mork et al.，1988；McConnell 和 Servaes，1995）奠定了理论基础。

2. 大股东和小股东的代理问题

股东和管理者之间的代理问题主要体现在股权分散的国家中。为了克服这一类代理问题，大股东持股应运而生。特别是从 20 世纪 70 年代开始，股份制公司的所有权结构开始发生变化，从早前的分散逐步向集中迈进。以此为契机，各国学者开始对分散的股权结构假设提出了质疑，他们发现现实中存在着大量的股权集中现象。

从世界范围来看，较为普遍的治理结构是存在大股东和集中的股权结构，即使资本市场非常发达的美国也不例外，控制性所有权和所有权的集中仿佛成为一种既定规则（Shleifer 和 Vishny，1997）。据 Holderness 和 Sheehan（1988）统计，在美国的证券市场中，有 100 多家上市公司存在着持股比例超过 50% 的绝对控股股东，而在其他国家和地区（尤其是东南亚）这种现象更为普遍（Scott，1999；Fan 和 Wong，1999；Morck et al.，2000；La Porta et al.，1999；Claessens et al.，2000；Barca 和 Becht，2001）。在所有权结构研究中，La Porta et al.（1999）的研究最具影响力，他们分析了市场经济最发达的 27 个国家中规模较大的上市公司的所有权结构，发现集中的股权结构非常普遍。多数公司是控股股东起控制作用，控股股东有个人，也有家族（欧洲大陆很普遍），还有不少是国家。在这些由个人、家族或国家控股的公司中，公司的实际控制权被控股股东牢牢掌握在手中。La Porta et al.（1999）以令人信服的实证研究发现现代公司的所有权结构并不像 Berle 和 Means 经典理论所描述的传统所有权结构那样广泛分散，反而，股权集中是一种最为普遍的情况，分散的所有权结构仅存在于极少数对投资者的法律保护较为完善的国家。

所有权结构由分散到集中这一变化，提供给大股东更多的机会参与到公司的管理中，并行使他们的控制权，大股东能够对管理者发挥积极的监督作用，进而缓解管理者搭便车的行为，管理者和股东间的代理问题减弱，能够保证大股东控制权共享收益惠及所有股东，最终提高公司的价值（Shleifer 和 Vishny，1997）。另外，与股权分散导致的股东与经理人的代理理论不同的是，在股权集中的公司中，大股东持股的集中性，使他们具有决策权和实际控制权，大股东的自利心理必然导致机会主义行为的出现，控制权私人收益诱使大股东侵占中小股东的利益。因此，控股股东的控制权必然成为控制权市场上的稀缺资产，投资者均有意愿为其支付较高的价格。大股东与中小股东的利益不完全一致，带来的代理问题是大股东与中小股东的矛盾和冲突。Vishny 和 Shleifer（1997）指出，随着所有权集中度不断增加，当所有者能够从实质上掌握公司的控制权时，代理问题就会主要体现为大股东和中小股东之间的代理冲突。

二、信息不对称理论

信息不对称，顾名思义是指信息在不同人群中的传播和普及程度不同。具体来说，在市场经济活动中，存在着不同的市场参与者，这其中主要包括市场投资者和其他信息使用者，他们对信息的了解和掌握程度存在差异。对于掌握信息比较多的一方来说，他们具有一定的信息优势，因此，在市场交易中处于有利地位；相反，掌握信息较少的参与者在交易中的地位相对不利。

信息不对称问题在 20 世纪 60 年代开始进入人们的视野。1961 年，经济学家 George Ioseph Stigler 研究了信息不对称问题所产生的后果，并在此基础上提出了"搜寻理论"。他发现消费者在购买冰箱时，通常会货比三家，在决定购买之前要经过搜寻的过程。而厂家为了促销，往往会发布各种广告来吸引消费者。在此研究的基础上，1970 年经济学家 George A. Akerlof 又对信息不对称理论进行了系统的研究。他通过对二手车市场的考察，分析了信息不对称而导致的"逆向选择"问题。他发现，由于二手车的质量通常是卖方个人所拥有的私人信息，作为买方很难对其有清楚地了解，只能获得车的平均质量信息。因此，买方会按照二手车的平均质量进行出价，这样导致质量高的二手车车主因为出价较低而退出二手车市场，在缺少较高质量二手车的市场上，买方会进一步降低出价，这样使得二手车质量相对较高的卖方退出该市场。长此以往，最后在二手车市场中仅存在质量低的二手车，二手车市场日渐衰落。在二手车市场中高质量的车退出市场的行为是一种逆向选择，最终导致效率的损失。从 George A. Akerlof 的研究开始，信息不对称理论开始得到广泛的关注，并不断渗透到各个领域中，他的研究对经济学研究做出了巨大贡献。

信息不对称的另一种表现形式是道德风险。道德风险是指处于信息优势的一方其行为往往不可观察，他们会利用其信息优势造成信息劣势方的损失。Joseph E. Stiglitz 针对自行车偷盗行为，研究了保险市场中的道德风险。他发现美国的一所大学里学生自行车被盗的比例大概为 10%，在出现自行车保险后，这一比例迅速提高到 15%。他通过研究证实了这一现象发生的原因，即学生投了自行车险后，觉得即使丢失了自行车也不会损失自己多少金钱，保险公司会承担大部分损失，因而对自行车的安全防范意识明显降低，这样导致保险公司蒙受了损失。Joseph E. Stiglitz 的研究也是道德风险的典型案例。

　　一般而言，信息不对称主要表现在以下四个方面：第一，信息源不对称。交易的双方，卖方总是比买方掌握更多的信息，而且买卖双方为对立统一的关系。某些交易中，卖方作为交易信息的制造者和持有者，他们同时是交易的参与者，进而使得信息源在公开时就已经存在某些不完全性（宋绍清，2010）。第二，信息时间不对称。作为市场交易中的不同买方，通常在接受有关交易商品信息的时间方面存在很大的差异，这会导致较早获取信息的交易者容易在交易中处于劣势，甚至蒙受损失。第三，信息数量不对称。同为市场交易中的买方或者卖方，由于获取交易商品信息的数量不同，也容易导致产生不同的结果。获取信息量较多的交易者比获取信息量较少的交易者容易获得更多的交易优势和利益。第四，信息质量不对称。交易双方获得交易商品的信息质量也存在差异。获得信息质量高的一方往往会比获取信息质量较低的一方获得更多的交易优势和利益。

　　在我国的资本市场中，信息不对称现象十分严重。大股东是公司的实际控制者，拥有公司的信息处置权和资源配置权，同时，他们在公司的股东大会和董事会上拥有绝对的领导权，公司的信息报告都须经他们同意发布出去，他们能够决定公司的信息披露和具体实施情况，而且他们还收集、整理外部反馈意见信息，可以说他们将信息的生成、管理、控制集一身，在公司的信息资源上占据了得天独厚的优势，自然而然地成为公司的信息决策者。相对而言，在信息资源上，外部投资者和社会公众处于绝对的劣势，因为他们对企业的了解途径主要是企业对外披露信息，但是这些信息都是经过大股东、控股股东审核发布的。在我国，这种信息不对称现象是客观存在的，其根源是现行制度内生性造成的，因为信息不对称的内生性为控股股东操纵侵占中小股东利益谋取私利提供了便利条件。

　　控股股东利用资本市场上占据的信息优势，在市场上发布质量低劣的信息，但是中小投资者无法识别信息的质量，大股东从这些信息的发布中能够换取市场中平均质量的信息收益，这种侵害中小投资者利益的行为是逆向选择的必然结果。外部投资者在信息不对称的情况下，并不了解公司的真实状况，在进行决策和判断时，往往会以资本市场的平均预期为依据，这也造成了即使控股股东抛出高质量的信息，也只会吸引来平均质量信息的价格的投资。于是，控股股东为了获取更大的自身利益，利用信息优势，制造虚假信息或先抛出质量低劣的信息，获取平均质量信息收益，当然，这也造成了中小投资者的直接利益损失。这仅仅是逆向选择行为的一种方式，另一种方式是控股股东利用信息质量高低的差异制造出来的逆向选择行为。这种类似于"田忌赛马"式的逆向选择行为，会造成以下极其严重的后果：市场上充斥着虚假信息，中小投资利益严重受损，低质量的上市公司取代高质量的上市公司，资本市场机制、功能紊乱。

三、控制权收益理论

股权的分散化是许多研究的基础，在分散的股权结构下，投资组合的风险分散化效果较明显。但现实情况却并非如此，投资者倾向于将财富集中在一种股票上，导致风险的分散作用难以实现。很多研究证实控制权收益是股票市场中大宗股权交易出现的主要原因。最早提出控制权收益（Private Benefits of Control）概念的是 Grossman 和 Hart（1988），他们指出控制权收益是控股股东利用其控制权所能获得的全部价值之和，这些价值主要包括两部分，一部分是上市公司正常经营带来的收益，主要来自于控股股东的决策权力和监督效应，这部分称为控制权共享收益（Shared Benefits），在分析投票权和现金流权的最优分配时，这部分收益通常指企业的利润；另一部分是控股股东通过自我交易、过度报酬、对机会和内幕交易的利用等获得的收益，这部分收益来自于控股股东的实质控制权，被称为控制权私人利益（Private Benefits）。控股股东获得的超过企业利润的收益就是控制权私人利益。

1. 控制权共享收益

在股权集中的公司中，控制权也较集中，大股东占有大部分公司利益，与股权分散的公司股东相比，这些公司大中股东的行为具有趋同性，也就是说他们会采取一致的行动，因此他们是利益的共同体，这主要体现在获取更多公司信息和对管理层实施监督方面，这种趋同性能够在一定程度上避免大中股东的搭便车问题。当管理层不作为或采取了损害公司利益的行动时，这些具有较多股份的控股股东能够依靠他们的投票权，在股东大会和董事会的公司重大会议中行使其否决权，以此对管理层施加压力，甚至采取罢免经理的措施来阻止管理层的不当行为（Shleifer 和 Vishny，1986），因此可以说一定的股权集中度具有很好的治理作用。作为公司的大股东，他们非常关注公司的经营状况，因为这能够决定他们的投资收益，同时他们也希望拥有足够多的控制权，以影响公司的日常经营管理，因此能够解决第一类代理问题。随着持股比例的不断上升，大股东与上市公司的利益不断趋同，当持股达到一定比例后，他们会成为利益共同体，大股东更有动力通过提高公司的业绩，实现公司价值的增值。与此同时，经营业绩的提高，会带来更多的现金流，所有股东能够共享到这份收益。

由此可见，随着大股东持股比例的提高，他们既有能力对公司管理层施以足够的监督，又有动机追求公司价值最大化。这部分由于经营管理的改善和监督而产生的收益是控制权共享利益。Yafeh 和 Yosha（2003）的研究表明，具有大股东参与公司治理的公司，研发费用、广告费用和管理层的休闲娱乐费用相对较低。因此，股权集中度越高，大股东获得控制权共享收益的激励作用越大，相对应地，大股东掏空上市公司的边际成本也就越高，从这个角度来说，能够降低大股东为个人利益侵害中小股东的动力（Durnev 和 Kim，2005）。

大股东的控制权共享收益不但促使公司的治理结构得到优化，而且还促使股东与经营者之间的代理成本降低，这些均有利于公司所处内部环境的不断完善，使公司整体价值最终得到提升。大股东因其参与经营和监督，理所当然享有部分该收益，但是中小股东没有付出任何成本却有所收获，可以说是坐享其成，这种搭便车的行为在一定程度上削弱了大股东的积极性，因此，应该重新审视控制权共享收益在大股东与中小投资者之间的分配方式。

2. 控制权私人收益

控制权私人收益是集中的股权结构下，另外一种大股东的收益形式，是指大股东通过其自身的控制权额外获得的那部分收益。由于中小股东在企业经营中存在搭便车问题，他们没有参与经营决策，但是却能够分得大股东创造的共享收益，使得大股东的利益受损，大股东有动机利用自身的控制地位获得私人收益，加之大股东行为具有隐蔽性，这必然对中小股东的利益产生影响，这就是第二类代理问题。La Porta et al.（1999）指出，十分分散的股权结构并不常见，反而在很多国家中，较集中的股权结构是非常普遍的，因此，代理问题的表现不是股东和管理者之间的冲突，而是大股东和小股东的代理问题。包括中国在内的东南亚国家这一问题尤其突出。因此，为加强对中小股东的保护，使他们的利益不受侵害，维护资本市场的有序运行，应该有效地控制大股东的这种行为。

控股股东与外部中小股东的利益不一致所产生的严重的利益冲突，受到各国学者的关注。当外部监督不足或者股权相对分散，控股股东可能会不惜牺牲其他股东的利益以追求自身利益的最大化。Johnson et al.（2000）和 Dyck 和 Zingales（2001）均对控制权私人收益进行了深入的研究，他们的研究均发现了控制权私人收益的存在。控制权私人收益是指控股股东能够得到，但是中小股东不能得到的那部分收益。控股股东具有较高的控制权，他们有能力侵占上市公司的资源和资产，也有动机谋取中小股东无法获取的私人利益。

大股东的控制权私人收益在以往的研究中，被分为货币性和非货币性的私人收益。Grossman 和 Hart（1988）认为控制权私人收益是控股股东所独占的货币收益。而 Harris 和 Raviv（1988）、Aghion 和 Bolton（1992）是从非货币的角度对控制权私人收益进行定义的。他们在研究最优控制权配置问题中，加入了控制权私人收益相关理论，从非货币的角度来说，他们认为控制权私人收益是大股东所享有的精神收益（即非货币性收益）。而 Mueller（2003）则综合了前人对控制权私人收益的研究，他指出，控制权私人收益包括非货币收益和货币收益，这两者的地位一样重要。

Bebchuk 和 Kahan（1990）延续了前人对控制权收益的研究，他们认为控制权私人收益是只有控股股东才能得到的收益，这种收益来源于资产的转移或对上市公司资源的侵占，控制权私人收益不能被其他股东分享，中小股东的利益受到损害。Coffee（2001）对控制权私人收益的定义也更多地考虑了转移性，他们认为大股东低价转移资产、过度报酬等行为组成了控制权私人收益，他们的研究还指出控制权私人收益具有转移性，这种转移性也是大股东和中小股东之间的利益冲突的一种表现形式。随着研究的深入，Ehrhardt（2003）对控制权私人收益给出了不同的定义，他们认为控制权私人收益不仅仅是能够转移的那部分，还包含了不能转移的收益，例如上市公司在经营过程中，将面临扩大生产规模、提高经营效率等现实问题，需要外部融资来实现，如果公司选择进行权益融资，往往通过增发和配股等方式来获得权益资金，在此过程中公司可能会低价发行股票，以此来稀释中小股东的利益，大股东能够获得控制权私人收益。但是这一行为并未直接涉及公司资产的转移。因此，控制权私人收益无法归结为某一形态的收益，任何划分方式都是不完备的，应该多方面、系统性地分析控制权私人收益。

四、信号传递理论

早前，对信息不对称问题的研究，造就了信息假说的产生。从 20 世纪 70 年代开始，信息假说开始出现在各种研究之中。信息假说认为当发生收购或并购时，资本市场应该对被收购公司的价值重新做出评估。该假说可以划分成两种形式：第一种形式，被收购或并购企业和其他各方不用采取促进重新估价的特别行动，因为收购活动会促使市场对其股票进行评估，究其根源是收购或并购行为散布的信息使被收购或并购的企业股价被低估；第二种形式，贯彻有效的策略，激励企业的管理层，此外不需要任何外部动力来促进企业价值的重新评估。信号理论是信息假说的一个重要变形。在不同的市场中，针对信息不对称的处理（缓冲或减轻）方法不同，较为理想的一种方法是市场信号。所谓市场信号是内部人通过发布某些信息向外界发出一种信号，并通过合理的方式向市场传递出去，这种信号作用能够左右投资者的决策。因此，信息优势的一方（代理人）通过某种方式向处于信息劣势的一方（委托人）发出信息，将自身的优势、特点或真实价值展现出来，从而缓解信息不对称问题。所以，信号传递理论的基本含义是，公司控股股东或其他内幕人比外部投资者掌握了更多的信息，因而企业信息需要通过信号传递给外部中小投资者。

Spence 在 1973 年首次提出信号传递模型，该研究为信息经济学奠定了基础，属于开创性的研究，诺贝尔奖的评审将 2001 年诺贝尔经济学奖颁发给了 Spence，以表彰其所做的贡献。Spence（1973）强调了信息有效传递的重要作用，他指出信息的有效传递可以提高人们的观察力和预测能力，进而降低不确定性所产生的不利影响，这也是降低信息不对称的重要手段。他认为，为缓解企业与投资者的信息不对称，避免逆向选择导致的各种问题（劣品驱逐良品、市场失灵），市场中的信息发布者应该选择适当的信息传递机制，使得市场上的信息具有合理性和真实性，投资者依据这些信息能够判断公司的真实价值，以便进行投资决策。在市场上，信息的优势方或者信息的发布者是指公司的控股股东、管理者等内部人，而外部中小股东掌握的信息往往是不完全的，作为公司外部的利益相关者，中小股东很难客观地区分和评价公司的优劣。他们往往会做出混合均衡（pooling equilibrtum），即平均且较低的估值判断。业绩良好的公司，向市场传递信号时，为了避免与市场业绩低劣的公司发生混淆，往往采用成本较高的信息传递方式，促使投资者能够区分优劣以及做出合理的评价，从而产生分离均衡（separating equilibrium）。

在信息不对称的情况下，公司向外界传递信息的内容一般包括股利政策、兼并收购、资本结构以及股权激励和管理层持股。此外，企业盈利水平、企业再融资、企业资质资格认定、审计质量或审计师的选择、自愿披露盈利预测信息等，也是企业向外界传递的积极信号。在信息传递后，投资者会有由"混合均衡"到"分离均衡"的识别过程。所以企业所发出的信号能否真正发挥作用，还要取决于信号的可选择性、不易模仿性和不可替代性以及相关性、传递成本等因素。

第二节　基于资产评估操纵的大股东行为分析

在并购重组交易中，往往体现大股东的行为——掏空或支持上市公司，前人对并购重组中大股东的这两种行为进行了深入的研究，本书将对这些成果进行梳理。并对资产收购关联交易中的掏空和支持行为，依据上市公司的交易地位和非正常资产评估增值率的正负情况进行分类，并以此作为后续研究的基础。

一、关联并购中的大股东行为分析

关于关联交易中的大股东行为目前的研究主要是检验交易是属于掏空还是支持。包括大股东进行关联交易的目的和对公司价值影响的研究。

1. 掏空行为

对关联交易中大股东侵占中小股东利益的研究长盛不衰，这种行为被形象地称之为掏空，也就是大股东实现从上市公司利益输出。段亚林（2001）将非公平的关联交易作为研究对象，分析了公司利益的转移问题。研究发现非公平关联交易中存在大股东掠夺上市公司利益的行为，并且非公平关联交易是大股东掠夺上市公司资源和利益的重要形式。如果监管不严格，"一股独大"公司控股股东会利用自身的投票权优势影响公司的经营决策，以满足他们的意志。Jian 和 Wong（2004）研究了我国材料行业的上市公司中大股东的利益输出行为，对于具有再融资或避免亏损动机的公司来说，控股股东通过进行关联交易等方式给予上市公司帮助，以使上市公司满足再融资的条件或避免亏损带来的退市。研究还发现市场能够在一定程度上对关联交易的行为进行鉴别，也就是说关联交易公司的定价相对较低。李增泉等（2005）的研究结论与 Jian 和 Wong（2004）一致，他们将控股股东和地方政府作为研究主体，分析了他们在并购重组中的支持或掏空行为，以及这种行为对上市公司长期绩效的影响。结果表明，当上市公司处于不同的财务状况和融资需求时，并购活动对公司长期业绩的影响不同。具体来说，当上市公司具有再融资需求或避免亏损的动机时，在短期内并购活动能够提升公司业绩；但是当上市公司财务状况良好，没有融资需求时，并购活动往往体现为大股东掏空上市公司资产的活动，因此，公司价值受到负面影响，然而大股东的这种掏空并未显著降低公司未来的业绩。他们没有提供控股公司对上市公司支持或掏空的直接证据，而直接把支持或掏空作为研究的前提。另外，也无法解释控股公司对上市公司掏空时，为什么不影响公司的未来业绩。

除了通常的实证研究，学者们也尝试用不同的方法和从不同的方面来研究大股东的掏空行为。朱红军等（2005）采用案例研究方法，深入分析了第一百货吸收合并华联商厦的行为动机，研究发现集团内两家上市子公司之间的合并，使控股股东从上市公司转移了财富，增加了控股股东的利益。上市公司的关联资产交易也是学者们研究的重点，不同的资产类型和交易类型的影响不同。刘峰和贺建刚（2005）对上市公司的重大资产出售行为进行了研究，发现控股股东有动机向上市公司销售资产，进而转移利益，该行为发生的概率同上市公司的股权集中度之间成"U"型关系。而且，上市公司业绩越好，控股股东利益输送的动机就越强烈。Cheung et al.（2005）发现投资者将一些关联交易行为，例如收购资产等看作是大股东进行掏空上市公司的预兆，因此给这种交易进行折价。黄湘源（2004）总结了控股股东利用无形资产交易从上市公司输出利益的现象，发现大股东通过无形资产相关的关联交易掏空上市公司。李增泉等（2004）研究了股权结构对控股股东行为之间的关系，他们考察的控股股东行为是指控股股东占有上市公司资金的行为。研究结果表明控股股东占用的上市公司资金与第一大股东持股比例之间的关系并不是单向变化，而是呈现一种先上升后下降的非线性关系。并且国有企业控制的上市公司的控股股东占用的资金高于非国有企业控制的上市公司。

在上市公司首次公开发行股票前后，大股东的利益输出行为动机和方式也不同。Aharony et al.（2005）将上市公司 IPO 前通过关联交易进行盈余管理行为与 IPO 后的大股东的利益输出动机结合起来，认为 IPO 前大股东利益输入的动机是为了 IPO 后大股东进行更多的利益输出。张鸣和郭思永（2009）的研究则把目标集中于定向增发现象，研究结论表示大股东会借助于定向增发来转移利润，不过，好在理性的投资人会对此有所警觉，市场会对定向增发事件呈现负面效应。

2. 支持行为

作为掏空的反面，支持行为也引起了很多学者的关注。另一部分学者研究中国资本市场中大股东通过关联交易实现的支持行为。大股东通过支持上市公司，以保证公司获得上市资格、再融资资格或避免退市。

Cheung et al.（2006）研究了我国香港地区上市公司大股东的支持行为与股票收益、公司债务、经营业绩之间的关系。在中国香港上市公司获得支持的主要方式是资产注入，而且认为中国内地上市公司控股股东注入资产也是进行支持的普遍形式。因此，大股东直接以现金支持和资产注入，无论在任何的关联交易类型中，都是控股股东支持的关联交易的最明显体现。他们还发现与 Friedman et al.（2003）的研究结论一致的现象，即接受现金投入的公司的债务权益比的中位数达到52.4%，比其他公司有更高的债务。但是，这并不能明确负债水平与支持之间的关系，因为那些可能得到支持的公司的负债率与行业水平并没有明显差距。他们认为上市公司大股东的支持行为与经营业绩之间的关系并不确定，依据是注入现金或资产后，公司的业绩在 12 个月内均出现了下滑。

我国上市公司中大股东的支持行为也引起了诸多学者的关注。研究中大股东支持行为的替代变量也存在很多形式。Jian 和 Wong（2008）采用的新的方法来衡量大股东的支持行为，他们将关联销售作为被解释变量放在模型的左边，将市值账面价值比、资产负债率和企业规模作为解释变量放在模型的右边，以该模型的残差来反映非正常关联销售的部分，并将其作为大股东支持行为的替代变量。他们的研究发现我国存在大股东支持行为的制度环境，上市公司具有在未来发行新股的权利，大股东往往会通过关联交易来使上市公司满足增发新股的硬性条件并且这种支持主要在地方政府是控股股东的公司中，创造更多的就业机会是地方政府支持行为的主要目的。当然，支持最终还会导致未来的掏空。他们的研究说明控股股东进行关联交易有两种目的，即掏空和支持，它们能够出现在同一公司中，但是发生在不同的时期。Peng et al.（2006）则对我国企业集团内的关联交易进行了深入的研究，发现了交易中掏空和支持行为的业绩影响差异。具体来说，关联交易公告的宣告会提高财务困境公司的价值，主要因为处于财务困境公司存在退市的风险，大股东为"保壳"，会向上市公司输入资源，使公司免于退市或破产，对于投资者来说这是一种积极的信号，体现了大股东的支持行为；相反，对于财务状况良好的公司来说，关联交易的公告会降低公司价值，因为这是大股东掏空行为的市场反应。

Cheung et al.（2009）研究了我国上市公司与其控股股东之间的关联交易，该研究中信息披露的样本与 Cheung et al.（2006）的研究一致，以便进行比较。发现中国内地的资本市场与中国香港的资本市场在掏空与支持交易的信息披露上存在显著差异，中国内地被支持的上市公司在关联交易宣告前的一个会计年度经营业绩更差。在研究中，他们把上市公司关联交易归纳为七类：第一类是关联方进行资产注入；第二类是出售资产给关联方；第三类是与控股股东进行资产置换；第四类是与控股股东进行服务或产品交易；第五类是为控股股东提供债务担保、资金或贷款；第六类是从关联方获取债务担保、资金或贷款；第七类是与关联方控股的非上市子公司进行交易。第五类是十分明显的掏空行为，后两类是明显的支持行为，其余的四类要通过比较交易价与市价来确定属于支持或掏空二者中的哪一类。在国有股占较高比例的上市公司存在着被掏空和被支持的行为，只是后者的公司规模要大于前者，而且如果有外资股东存在，则同时在海外交叉上市的可能性更大。

一般而言，关联交易是大股东支持行为得以实现的主要载体，但是在关联交易中大股东进行支持可以采用多种方式，支持的目的是不同的。集团内部企业通常采取如下方式去帮助面临财务困境的成员企业，例如提供低息贷款、为财务困境公司提供债务担保等。企业集团中的这些支持行为能够使财务困境公司摆脱财务负担，有利于集团的整体发展。Bae et al.（2008）针对韩国财团内的支持行为进行研究，发现盈利增长的公司发布公告能够提高财团内其他未发布公告的公司的价值，反之亦然。如果宣布盈余公告的公司控股股东的现金流权较高时，未宣布盈余公告的公司的超额收益具有更高的敏感度。另外，如果宣告盈余公告公司规模较大、业绩较好、有更高的债务担保率，这一敏感程度也较高。说明债务担保水平较高的公司具有更强的法律责任以进行支持。Cheung et al.（2005）通过实证直接检验了我国上市公司中的支持行为。他们以产权性质作为突破口，分析了国有控股股东的支持行为所产生的市场反应。研究结果表明交易中的关联一方属于国有公司时，他们的政策支持行为能够为上市公司带来超额收益，关联方之间的资产重组也可能成为控股股东支持的方式。李增泉等（2005）研究了上市公司作为并购方对非上市公司实施的并购行为中，地方政府和控股股东作为行为主体的支持或掏空行为，他们的研究发现地方政府和控股股东进行支持的目的是帮助上市公司达到监管的要求。由此可见，同属性是支持行为的主要特征之一。

二、样本与数据

本书将 2007—2012 年我国上市公司的资产收购关联交易行为作为研究样本。本书中的资产收购关联交易是指上市公司与第一大股东之间的资产收购交易。之所以选择该样本的原因包括：第一，早前学者的研究发现了资产收购关联交易存在定价不公允的情况；第二，直接研究大股东与上市公司之间的关联交易更能够直接反映大股东的行为和经济后果。根据研究的目标，对样本进行了如下筛选：①剔除了交易没有成功完成的样本；②剔除了交易的首次公告日交易金额缺失的样本；③剔除了没有公布资产评估增值信息的样本，具体包括增值额或增值率；④剔除了金融行业的公司。

依据上述标准，最后得到 236 家有效的观测值。样本的具体信息如表 4-1 所示。从年度来看，各个年度样本分布比较均衡，其中样本最多的是 2008 年，共 44 个样本；最少的是 2012 年，共 35 个样本。从行业来看，来自制造业的样本有 140 家，占总样本的 59.32%，是样本最集中的一个行业；交通运输、仓储业的样本有 22 家，是样本第二多的一个行业；剩下其他行业的样本均没有超过 20 家，特别是农林牧渔业、建筑业和传播与文化产业只有 1 家样本。总体来说，样本的行业分布非常不平衡。

表 4-1　样本的分布

PANELA：样本的年度分布			
年度（年）	样本数（个）	比例（%）	累加比例（%）
2007	39	16.53	16.53
2008	44	18.64	35.17
2009	38	16.1	51.27
2010	38	16.1	67.37
2011	42	17.8	85.17
2012	35	14.83	100
合计	236	100	100

PANELB：样本的行业分布			
行业（个）	样本数（个）	比例（%）	累加比例（%）
农林牧渔业	1	0.42	0.42
采掘业	19	8.05	8.47
制造业	140	59.32	67.8
电力、煤气及水的生产和供应业	10	4.24	72.03
建筑业	1	0.42	72.46
交通运输、仓储业	22	9.32	81.78
信息技术业	5	2.12	83.9
批发和零售贸易	9	3.81	87.71
房地产业	10	4.24	91.95
社会服务业	11	4.66	96.61
传播与文化产业	1	0.42	97.03
综合类	7	2.97	100
合计	236	100	100

本部分的数据主要来源于两部分：首先，资产收购关联交易的数据来自 CSMAR 数据库；其次，资产评估增值的数据，包括资产评估报告日、资产评估基准日、待评估资产的账面价值、待评估资产调整的账面价值、资产评估增值率、资产评估价值等数据主要来自公开披露的资产评估报告书、关联交易公告、董事会决议和临时股东大会公告，均由巨潮资讯网手工收集并整理而得。

三、非正常评估增值率的衡量

非正常评估增值率（ABREV）的衡量是本书的核心变量，也是后续的研究基础。本书对非正常评估增值率的衡量采用李运峰（2007）和杨静（2009）的方法，基于行业的资产评估增值率来进行计算。首先计算各个年度每个行业资产评估增值率的中位数，然后用每个样本实际的资产评估增值率扣除每个年度行业中位数的值作为非正常资产评估增值率。

四、掏空和支持行为的认定

掏空行为主要是指大股东侵占上市公司的资源，获得控制权私人收益。在大股东与上市公司之间进行资产收购关联交易中，如果上市公司作为买方，非正常资产评估增值率为正，或者上市公司作为卖方，非正常资产评估增值率为负，则存在大股东利益输出行为，即为掏空。反之，如果上市公司作为买方，非正常资产评估增值率为负，或者上市公司作为卖方，非正常资产评估增值率为正，则存在大股东利益输入行为，即为支持，如表 4-2 所示。

表 4-2 掏空和支持的认定

交易双方的地位		上市公司			
		买方		卖方	
		ABREV>0	ABREV<0	ABREV>0	ABREV<0
大股东	买方	—	—	支持	掏空
	卖方	掏空	支持	—	—

通过上述标准对样本进行分类后，可以得到掏空和支持两组样本。两组样本的描述性统计情况如表 4-3 所示。从表中可以看到，掏空组共有 129 个样本，而支持组有 107 个样本，掏空组的数量要高于支持组。而两组非正常评估增值率的情况也有很大的差异，其中掏空组的均值为 0.718，支持组的均值为 -0.166，说明掏空组的非正常评估增值率为正，而支持组的正常评估增值率为负，而总体样本的非正常评估增值率大于零。两组的最大值和最小值也存在很大的差异，掏空组的最大值和最小值分别为 2.898 和 -0.373，而支持组的最大值和最小值为 0.053 和 -0.459，总体样本的最大值和最小值分别为 2.898 和 -0.459，说明总体样本的最大值出现在掏空组，而最小值出现在支持组。从中位数来看，掏空组的中位数为正，而支持组的中位数为负，总体样本的中位数为零。

表4-3　分组样本非正常评估增值率的描述性统计

统计量	掏空组	支持组	总体
mean	0.718	−0.166	0.321
sd	0.938	0.153	0.844
min	−0.373	−0.459	−0.459
max	2.898	0.053	2.898
p25	0.005	−0.253	−0.112
p50	0.321	−0.114	0
p75	1.222	−0.035	0.371
样本量	129	107	236

第三节　本章小结

作为本书研究的理论基础，本章在第一节对代理理论、信息不对称理论、控制权收益理论和信号传递理论进行了阐述。根据代理理论，在股权集中的国家中，更多地表现为大股东与中小股东之间的第二类代理问题。大股东通常能参与到公司的生产经营中来，他们是公司的内部人，因此与中小股东相比，他们是信息优势方，大股东往往会利用关联交易来实现其自身的目的，进而伴随着大股东的控制权私利。大股东参与的关联交易在短期内，基于信号传递的原理，往往会带来一定的市场反应，对中小投资者的利益和上市公司的价值产生影响。上述理论基础为后续的规范研究和经验研究提供了足够的依据。

在本章的第二节，首先分析了关联并购中的大股东行为，从不同的角度和方面对前人的研究成果进行了归纳和总结，发现在关联交易中，大股东往往采取一定的手段实现其掏空或支持的目的；其次基于资产收购关联交易的样本，结合前人的研究成果，对资产评估操纵进行了度量；最后分析了资产收购关联交易中大股东的行为，根据非正常评估增值率和上市公司的交易地位（买方和卖方）判断大股东的行为（掏空和支持），为后续针对掏空和支持分别进行研究打下了基础。

第五章　资产评估操纵的影响因素实证分析

本章实证检验了影响上市公司关联资产收购中资产评估操纵的因素，分析资产评估操纵的动因，为后续章节进行的资产评估操纵的经济后果研究起到承上启下的作用。

第一节　理论分析与研究假设

我国学者对影响资产评估增值的因素进行了深入的研究，例如陆德民（1998）、原红旗等（2008）。本书作者在本章中总结了已有的研究成果，在借鉴前人研究成果的基础上，从上市公司的特征、评估机构特征、交易特征和市场化水平等方面，分析了影响非正常资产评估增值率的因素。

一、大股东的操纵能力

第一大股东持股比例通常反映股权集中度。苑德军和郭春丽（2005）

指出，早前的许多研究发现集中的股权结构会产生侵权效应、损害创新效应等不利影响。其中，大股东为了自身利益，通常会通过各种途径、各种方式侵占中小股东的利益，中小股东也不想自己的利益受损，这样大、中小股东之间就存在了利益冲突，而大股东侵占中小股东的利益也要付出一定的代价即代理成本，代理成本能够影响公司价值的提升，这种情况称为侵占效应。损害创新效应是指在日常的经营中，大股东过多的参与公司的管理，成为公司的实际管理者，这样就会使管理者无法正常管理公司、无法发挥出应有的创新能力。股权的高度集中还会引起股票的流动性效应，也就是说股权集中在少数大股东或控股股东手里，股票的流动性很差，控制权转移无法发挥应有的外部治理作用，严重影响了公司价值的提升。但是另一部分研究关注了股权集中的有利因素，例如，股权集中使得大股东能够更多地了解公司的信息，能够对管理者进行有效的监督，进而缓解第一类代理问题。当股权集中在一个或者少数几个股东手里时，他们具有较高的控制权，能够参与公司的经营，能够在公司重大的会议中行使表决权，以减少管理者的道德风险。由此可见，集中的股权结构会带来消极和积极两方面的影响。但是不管哪种影响，均反映了大股东的利益，因为他们作为公司的实际控制人，有能力来决定公司的各种决策，以满足他们更多的利益需求。

第一大股东持股比例越高，说明公司的股权越集中，大股东拥有的控制权越大，他们能够在更大的程度上影响公司的行为，相应地，大股东在进行决策时受到的约束就越少（雷光勇和刘慧龙，2006），也就是说大股东的影响能力很大。第一大股东持股比例也反映了大股东对资产评估结果的操纵能力。在资产收购关联交易中，当第一大股东持股比例较高时，大股东往往会利用自身超大的控制权，来影响交易的结果，使该关联交易的实施达到大股东的目的。因为交易的定价是交易中最重要的因素之一，也是交易中大股东能够进行直接操纵的主要方面，所以大股东会对作为交易定价基础的资产评估结果施加影响。因此，第一大股东的持股比例越高，说明大股东进行资产评估操纵的能力越强，第一大股东的持股比例也就代表了大股东进行资产评估操纵的能力。因此，本章提出如下假设：

假设 5-1：大股东的操纵能力越强，非正常评估增值率越大，即第一大股东的持股比例与非正常评估增值率正相关。

二、大股东的操纵意愿

早前大量的实证研究发现控股股东可能通过关联交易侵害中小投资者的利益，特别是在中小投资者保护环境较差的新兴市场。La Porta et al.（1997，1998，1999，2000）、Johnson et al.（2000）、Glaeser et al.（2001）和 Chang（2003）认为控股股东会掏空上市公司，以获得控制权私人收益。这种掏空主要体现在大股东向上市公司低价卖出、高价买进资产或产品，以此获得更多的收益。但是从 1997—1998 年的亚洲金融危机开始，一些研究证实了大股东在一些情况下运用私人财富支持处于财务困境的公司。也就是说，他们可能暂时转移资源给上市公司以提高业绩，以使上市公司避免违约或退市。当大股东参与上市公司之间的关联交易时，它们主要表现为掏空和支持两种行为。也就是说掏空和支持可能发生在同一家公司，但是这两种行为会出现在公司不同的发展阶段。

Friedman et al.（2003）建立模型，发现大股东在上市公司遇到中等程度的负面冲击时，会对其进行支持；如果没有这种负面的冲击或者这种冲击带来的影响较小时，大股东就会对上市公司进行掏空。当公司处于极端困境时，大股东也会对上市公司实施掏空，将公司的利益全部转移到他们个人手里。为了检验他们的研究结果，Friedman et al. 考察了经济危机期间股价收益情况。他们将发行债券作为支持的代理变量，对于具有金字塔式股权结构的亚洲公司来说，大股东的支持行为是很容易发生的。他们认为对于具有金字塔式股权结构、负债比例较高的公司来说，在金融危机期间经历的股价波动相对较小。

我国的上市公司通常面临两种类型的风险：退市和停发新股。如果上市公司连续两年报告净利润为负（净资产收益率为负），它将被标记为 ST 公司，面临交易和融资的限制。如果一个公司连续三年净利润为负，它将被标记为 PT 公司，将暂停上市。进一步，如果一个 PT 公司在接下来的一年里没有盈利，将会退市。如果一个上市公司最近连续三年平均的净资产收益率低于 10%，也将失去增发新股的权力。正是由于我国公司上市的高门槛，退市和停发新股将会使大股东的控制权私人收益受到较大影响。当上市公司面临上述风险时，控股股东具有较强的动机对其进行支持，以使他们能够从上市公司获得更多的控制权私人收益和长期的融资便利。

由于我国对退市和增发新股的监管限制，我们能够根据上市公司的不同特征来判断大股东的行为是掏空还是支持。因为我国的上市公司很少会破产，当上市公司被标记 ST 或 PT 时，通常被认为财务状况较差，并面临退市的危险；相反，如果公司具备增发新股的条件，说明其财务状况较好。当上市公司没有面临上述两种限制时，掏空和支持的动机很难辨别。如果上市公司没有计划发行新股时，掏空很可能发生。如果公司希望在未来几年发行新股，为满足增发新股的规定，控股股东更可能支持而不是掏空上市公司。

在资产收购关联交易的样本中，大股东的动机包括了掏空和支持两种，根据上述分析，当上市公司处于财务困境时，大股东往往会支持上市公司，以使其免于退市；当上市公司财务状况良好时，大股东有动机掏空上市公司。由于两方面的综合作用，在全样本中两者应该不相关。因此，本章提出如下假设：

假设 5-2：全样本中，资产负债率与非正常评估增值率不相关。

假设 5-3：当资产负债率较低时，大股东通过资产评估操纵来掏空上市公司的意愿较强，即在掏空的样本中，资产负债率与非正常评估增值率负相关。

假设 5-4：当资产负债率较高时，大股东通过资产评估操纵来支持上市公司的意愿较强，即在支持的样本中，资产负债率与非正常评估增值率正相关。

三、评估机构与方法

1. 评估机构声誉

资产评估活动是由评估人员依据一定的评估标准来实施完成的，在执业过程中涉及很多的职业判断，参加评估的人员不同，评估的结果就可能产生差别。而且中国资产评估行业制度还不够成熟和完善，对行业的监管力度也不足，资产评估人员的素质和职业技能良莠不齐、鱼龙混杂，他们在选择评估方法时的理论参考依据不够充分，导致各种评估方法在现实运用中存在较大的随意性，这是资产评估结果有失公允、存在很大操纵空间的重要原因之一。正如 Shleifer（1998）所述，在市场化进程中，存在市场发展不完善、不正当竞争等现象，各市场主体有动机和能力牺牲工作质量，以追求"恶性"的效率。作为并购重组事件中必不可少的中介机构，资产评估机构可能为了追求短期收入或市场份额，在进行资产评估时和被评估单位相互勾结，做出有失公允的评估结论。在市场存在不良竞争、发展阶段较低的背景下，只有声誉能够在一定程度上遏制这种不良行为。也就是说声誉的好坏，将成为中介机构生死存亡的决定性因素。当声誉机制较为健全时，资产评估机构自然会为维护自身的好声誉，放弃短期的、不利于长期发展的利益，以追求长远的、可持续发展的利益，在选择客户时更为谨慎，以使自身好的声誉能够长期维持下去。由此可见，声誉机制的完善与否，能够在一定程度上决定市场主体行为的规范性，以取代政府直接干预完成社会目标的可行性。因此，本书认为资产评估结果的公允与否与资产评估机构的声誉密切相关。因此，本章提出如下假设：

假设 5-5：资产评估机构声誉与非正常评估增值率负相关。

2. 评估方法

一般而言，不同的评估方法和评估中涉及评估师主观判断的部分，都是以准确地确定待评估资产的价值为基准，不应该存在很大的差异。但是现实情况并非如此。上海证券交易所原副总经理周勤业指出，各种评估方法（成本法、收益法和市场法）本无优劣之分，只是每种方法都有一定的应用前提条件和基础，运用的原理有很大的不同，因此采用不同的评估方法得到的评估结论也会存在很大的差异，而现行的资产评估法规对评估方法的运用规定的较为翔实。但是在监管实践中，发现部分评估师在选择评估方法时，总是以客户利益最有利作为选择标准，并且对收益现值法、假设开发法等存在不用现象，人为操作造成资产价值增幅较大，特别是在上市公司置入资产中，存在很大的价值"泡沫"。周勤业等（2003）的实证研究发现，我国公司重组的资产评估活动中，大股东往往会通过操纵被评估资产的增值率等，以实施对上市公司的掏空，达到对中小股东剥削的目的。陈茸（2004）对上市公司运用主成分分析法进行了研究，发现在我国现阶段就重组绩效而言，资产剥离、股权转让这两种资产重组方式的绩效明显优于资产置换和收购兼并的重组绩效。路晓燕（2008）实证分析了 2001—2003 年的上市公司资产评估数据样本，发现重组方式与不同评估方法能够显著影响净资产增值率，证实了重组方式与评估方法能够作为操纵资产评估利润的手段之一。

在对不同评估方法的研究中，谢纪刚和张秋生（2013）发现收益法评估依据的预测收益明显高于实际收益。运用收益法评估的标的资产价值虚高可能存在几方面的原因：发行人对资产评估的评估假设存在误解，评估方法的运用条件不足，评估参数的选择和运用不够合理，等等。收益法的评估思路主要是通过估计资产的未来预期收益，并将其按一定的折现率折算为现值，以此作为该项资产的评估值。尽管收益法的原理十分完美，但是该方法的运用基于很多假设和前提条件。程凤朝等（2013）从预期收益额和折现率两个方面分析指出，根据历史数据和市场预期经营情况预测标的未来收入、用毛利率法预测产品成本、用历史费用率预测销售和管理费用、用债务成本预测中长短期利率的选取差异、用资本资产定价模型预测自有资本成本时的参数选取差异等问题的客观存在，使得收益法评估结果具有较大的不确定性。这使监管部门很难界定收益法评估结果是否客观、合理。因此，从实际操作上讲，收益法比较容易实现标的评估值的虚高。收益法评估结果的"弹性"使标的评估值具有虚高的可能性，并购交易制度产生的股份折价因素驱动了标的评估值虚高，最终导致商誉高估。另外，收益额、收益期、折现率等收益法相关参数，易受到主观因素和不可预见因素的影响，在确定上有一定的难度。然而，获取参数的渠道还较为有限，在获取参数的实践中运用的方法存在很多人为操纵的嫌疑，时常发生被市场质疑和诟病的事情。常见的问题有：不能准确、客观的对收入、费用进行分割，对未来收益和销售费用错误的估计，不能够充分考虑折现率选取的因素，未能考虑一些非财务指标对资产评估的重要影响，如职工安置、债务人的偿债意愿，等等。

相比之下，在目前的市场环境下，使用成本法和市场法进行的资产评估，依据的标准和程序能够在一定程度上接近资产的真实价值，相对而言，非正常评估增值率较低，而使用收益法的资产评估结果容易被利益相关方所操纵，非正常评估增值率会更高。因此，本章提出以下假设：

假设 5-6：采用市场法和成本法进行资产评估，能够降低非正常评估增值率。

假设 5-7：采用收益法进行的资产评估，会提高非正常评估增值率。

四、交易本身的特征

1. 固定资产比重

陆德民（1998）发现固定资产比重是影响资产评估增值率的重要因素。在公司的各项资产中，不同的资产类型的增值空间有所不同。具体来说，流动资产的增值空间较小，流动资产主要包括实物类流动资产、货币类流动资产和债务类流动资产。这些流动资产因其周转速度快，账面价值与重置成本或现行市价相差并不大。与流动资产相比，固定资产的评估增值空间较大。固定资产中最明显的增值例子就是房屋和建筑物。房屋和建筑物随着时间的不断推移，其价值会不断提高。这主要归咎于物价水平的持续上涨，致使一些房屋和建筑物的重置成本远超过其原始建造成本。由此可见，在资产评估过程中，不同的资产类型会对最终的资产评估增值率具有一定的影响，特别是，固定资产的多少起着举足轻重的作用。鉴于固定资产比重对资产评估增值率的影响，我们预期固定资产比重将是大股东调节关联资产收购交易定价的重要考虑因素。因此，本章提出，固定资产比重越大，非正常评估增值率越高。

假设 5-8：标的资产中，固定资产比重越大，非正常评估增值率越高。

2. 支付方式

支付方式的选择在并购重组中非常重要，它是并购重组的最后一步，也是非常关键的一环，支付方式的不同会对交易的成功与否产生重要的影响。以往的研究已经证实采用不同的支付方式对资产评估增值率和并购公司的市场反应均有不同的影响。陈宇等（2008）将上市公司按照支付方式分为现金支付与非公开发行新股支付两类。他们以关联股权交易作为研究样本，分析了不同支付方式的选择是否反映了大股东追求更大利益的行为动机。研究发现，大股东的现实选择就是通过影响股价来实现自身利益的最大化，其依据是在关联股权交易董事会决议公告之前，选择现金支付方式的上市公司累积超额收益远远高于选择非公开发行新股支付方式的投资者相应收益。谢纪刚和张秋生（2013）以 2007—2012 年 A 股中小板公司非同一控制下并购为样本，定量分析了股份支付与现金支付两种情形的标的资产评估增值率的差异，研究发现股份支付的标的资产评估增值率明显高于现金支付的标的资产评估增值率。

在采取股份支付的资产收购关联交易中绝大部分属于上市公司向大股东定向增发股票融资和大股东用资产注入上市公司的行为，即大股东以资产认购定向增发的部分。《上市公司证券发行管理办法》对上市公司向特定对象非公开发行新股时的最低发行价格具有严格的规定。非公开发行新股进行的股权关联交易，大股东在此次发行中能够得到的股份数量与上市公司董事会决议公告日前 20 个交易日的股价表现直接相关，如果董事会决议公告前 20 个交易日股价较低，非公开增发新股的定价也相应较低，大股东能够在发行中得到更多的股份；反之，大股东得到的股份较少。大股东在非公开发行中认购的股份在短期内不能够随意转让，之后在发行结束 36 个月后才能转让。由此可见，大股东以其资产认购的股份能够使其在以后很长的一段时间内保持其股权地位，更好地发挥其控股权利。为使其能够达到上述目的，大股东有可能在公司的股东大会、董事会等更多地行使其权利，在一定程度上左右资产评估的结果。基于以上分析，本章提出如下假设：

假设 5-9：发行股份认购的资产收购关联交易的非正常评估增值率要高于以现金支付的资产收购关联交易的非正常评估增值率。

由于公司的其他特征和市场等方面还存在着一些因素会对资产评估操纵具有一定的影响。因此，本书又对下面的因素加以控制，具体包括：

（1）净资产收益率

净资产收益率能够反映公司的盈利能力，能够体现公司对股东所投入资金的利用效率。盈利能力的大小能够在一定程度上影响公司的经济行为，尤其是对并购重组等重大交易的决策，因此本书加以控制。

（2）公司规模

不同规模的公司在进行资产收购关联交易时涉及的标的资产的规模可能存在很大差异，交易的定价也不同。也就是说评估结论受到的主观影响程度也有很大的差别。因此，本书也加以控制。

（3）成长性

成长性反映公司的发展能力和增长潜力。是公司经过自身的生产经营，扩大规模、积累财富所提高的发展潜能。处于不同成长阶段的公司，其表现出的行为存在很大的差别，大股东对不同成长阶段公司的行为也不同，本章也进行了控制。

（4）产权性质

公司根据产权性质可分为国有公司和非国有公司。国有和非国有公司所处的监管环境存在差异，比如，我国的国有公司可能存在更严格的监督和不断的发展中，大股东的特征也不同。因此，本章加以控制。

（5）市场化水平

本章所指的市场化水平来自于对各地区市场化进程的综合评价，当地区的市场化进程得分较高时，说明以下几点：①该地区的法制程度较高，法律法规就会更加完善，上市公司违规行为相应就较少；②政府干预程度较低，企业的发展受当地政府的控制程度相对较低，自主权较高，政府相关部门利用控制权进行利益操作行为发生的可能性较低；③市场开放程度较高，一般而言，经济发达程度较高，从物价看，经济发达的地区一般要高于经济落后的地区。以上几点也说明，市场化水平高的地区，投资者保护程度较好。在进行资产评估关联交易时，大股东对资产评估的结果进行操纵的可能性会有所下降。另外罗党论和唐清泉（2007）认为外部的市场环境越好，能够在一定程度上减小大股东掏空行为发生的概率，也就是说较好的市场环境，对大股东的掏空行为具有制约作用。因此，本章应该加以控制。

（6）行业和年度

本章还对行业和年度进行了控制。首先，中国上市公司来自不同的行业，如工业制造、商品流通、公共事业、房地产、金融等。企业经营业务所属行业不同，经营资产及其结构也会存在着一定的差异，一般情况下，在制造型企业中，占总资产比重较大的是机器设备和厂房；而在商品流通企业中，占总资产比重较大的是存货和营业场所。上市公司的行业特性会在一定程度上影响资产评估增值率。其次，由于不同年度的通货膨胀水平不同，物价水平存在很大的差异，不同年度的资产评估增值率也差异较大。因此，在模型中本章控制了行业和年度的影响。

第二节 研究设计

一、样本与数据

本章仍然以本书前文提到的 2007—2012 年我国上市公司的资产收购关联交易行为作为研究样本。并在此基础上剔除了资产评估报告日、资产评估基准日、待评估资产中固定资产比重、资产评估方法、财务信息和公司治理信息缺失的样本，最后得到 213 个观测值。

本书中资产收购关联交易的数据、财务数据、公司治理数据来自 CSMAR 数据库；资产评估增值的数据，包括资产评估报告日、资产评估基准日、待评估资产中固定资产的比重、资产评估方法、资产评估的价值类型等，由巨潮资讯网手工收集得到，此类数据主要来自公开披露的资产评估报告书、关联交易公告、董事会决议和临时股东大会公告。

二、模型的设定与变量的选择

1. 模型的设定

$$ABREV = \alpha_0 + \alpha_1 ROE + \alpha_2 SIZE + \alpha_3 GROW + \alpha_4 LEV + \alpha_5 STATE + \alpha_6 FIRST +$$
$$\alpha_7 NUM + \alpha_8 METD1 + \alpha_9 METD2 + \alpha_{10} METD3 + \alpha_{11} PERC +$$
$$\alpha_{12} MTPAY + \alpha_{13} AREA + \alpha_{14} INDUSTRY + \alpha_{15} YEAR + \varepsilon$$

2. 变量的定义

（1）非正常评估增值率（ABREV）

被解释变量，该变量用以解释关联资产收购中标的资产评估增值部分中，非正常评估增值部分占原始未评估前账面价值的比例。

（2）净资产收益率（ROE）

衡量上市公司的盈利性，并能体现收益中属于股东财富的部分，以控制公司盈利性的影响。

（3）公司规模（SIZE）

该变量取当年公司总资产的自然对数，以控制公司规模的影响。

（4）成长性（GROW）

本章用营业收入增长率来度量公司的成长性（张祥建，2004；吕长江，2006；陈琪，2012；胡亚权，2012）。

（5）资产负债率（LEV）

反映公司的财务状况，预计资产负债率越高，越有动机进行评估操纵。

（6）产权性质（STATE）

虚拟变量，当上市公司为国有公司时取 0，否则取 1。

（7）第一大股东持股比例（FIRST）

第一大股东持股比例代表了大股东的操纵能力，我们预测第一大股东持股比例越高，非正常评估增值率也越高。

（8）评估机构声誉（NUM）

虚拟变量，评估机构的评估业务收入在各自年度排名前 10 的为 1；否则为 0。资产评估机构的评估业务收入排名以中国资产评估协会每年公布的各评估机构评估业务收入排名为准。本章以评估业务收入来度量评估机构声誉，评估机构声誉能够反映评估机构的评估质量，即评估机构的评估业务收入排名越靠前，评估机构声誉也就越高，说明评估机构的评估质量也就越高，从而非正常评估增值率就可能越低。因此，预测评估机构声誉变量的符号为负。

（9）评估方法（METD）

虚拟变量。由于样本中采用的评估方法主要包括成本法、收益法和市场法三大类。因此，本书将评估方法分为三个虚拟变量，METD1 代表成本法，METD2 代表收益法，METD3 代表市场法。本章预测 METD1 和 METD3 的符号为负，METD2 的符号为正。

（10）固定资产比重（PERC）

固定资产比重指评估前的固定资产比重，也就是资产收购标的物中固定资产所占比重。通常，企业资产评估日与购置日间隔越短，其成本与重置成本就越接近。流动资产周转时间短，其账面价值可能就会较大地偏离重置成本。鉴于固定资产的特点，这就可能为大股东和评估机构操纵评估结果制造了空间。因此，本章预测固定资产比重越高，非正常评估增值率越高，即它的符号为正。

（11）支付方式（MTPAY）

虚拟变量，1代表用现金支付，而0代表股权支付，有些样本的支付方式中包括两种以上的支付方式，由于样本量较少，本章根据陈涛和李善民（2011）的做法，即如果存在一种支付方式的交易金额占全部支付金额的90%以上就将其归为该支付方式，如果没有一种支付方式的交易金额占全部金额的90%以上，即不能分清哪种支付方式是主要的，则该样本应该被剔除。由于股票支付更容易操纵资产评估的结果，因此，预测该变量的符号为负。

（12）市场化水平（AREA）

模型中也考虑了各个地区市场化程度，主要参考樊纲和王小鲁等的《中国市场化指数——各地区市场化相对进程2011年报告》中的市场化指数，由于相关指数截止到2009年，本章参考杨记军等（2010）、姚曦和杨兴全（2012）的做法，将以后几年相关指标的数据依据前面若干期的相关指数进行推算，例如2010年的市场化指数计算方法如下：

$$AREA(2010) = \frac{\begin{cases} \left[AREA(2007) - AREA(2006) \right] + \\ \left[AREA(2006) - AREA(2005) \right] + \\ \left[AREA(2005) - AREA(2004) \right] \end{cases}}{3} + AREA(2007)$$

$$= \frac{AREA(2007) - AREA(2004)}{3} + AREA(2007)$$

其他年度的市场化指数，依照此法类推。

（13）行业变量（INDUSTRY）

本章控制不同行业的影响。

（14）年度变量（YEAR）

本章控制不同年度的差异。

第三节　实证分析

一、描述性统计

表 5-1 对主要变量进行了描述性统计。对表 5-1 进行分析可知，非正常评估增值率（ABREV）均值是 32.1%，最大值为 289.8%，最小值为 -45.9%，中位数是 0。净资产收益率（ROE）的均值为 9.492。评估机构声誉（NUM）的均值为 0.241，说明参与资产收购关联交易的资产评估机构，有 24.1% 在资产评估机构排名中位于前十。支付方式（MTPAY）的均值是 0.729，说明有 72.9% 的交易采用的是现金支付方式。公司规模变量（SIZE）的均值为 22.27。资产负债率（LEV）的均值为 0.503，说明资产收购关联交易中，上市公司的资产负债率为50.3%。STATE 变量的均值为 0.288，说明样本公司中有 28.8% 的公司是非国有公司，71.2% 的公司是国有公司。固定资产比重（PERC）的均值为 0.548，说明标的资产中固定资产占 54.8%。第一大股东持股比例（FIRST）的均值为 0.44，最大值和最小值分别为 0.852 和 0.103，说明样本中第一大股东持股比例均值为 44%，第一大股东最大的持股比例为 85.2%，最小为 10.3%。在确定最终的评估值所采用的评估方法中，成本法（METD1）的比例为 64%，收益法（METD2）的比例为11.9%，市场法（METD3）的比例为 16.1%，其余的 8% 为多种评估方法结合确定的评估值，本书不予以分析。

二、单变量分析

表 5-2 为主要变量的相关系数表。通过表 5-2 可以看出各变量之间的相关性。各变量之间的相关系数都比较小，表明各变量之间成较弱的相关关系，不存在多重共线性。

三、多变量分析

表 5-3 是对非正常评估增值率影响因素回归的结果。其中第一列是全样本的回归结果，第二列、第三列是掏空组和支持组分别回归的结果，

这两列主要用来检验**假设 5-6** 和**假设 5-7**。

表 5-1　主要变量的描述性统计

Variable	mean	sd	min	max	p25	p50	p75
ABREV	0.321	0.844	−0.459	2.898	−0.112	0	0.371
ROE	9.492	13.74	−48.28	46.17	3.880	8.080	15.23
NUM	0.241	0.429	0	1	0	0	0
MTPAY	0.729	0.446	0	1	0	1	1
SIZE	22.27	1.460	13.08	26.71	21.35	22.22	22.99
LEV	0.503	0.191	0.0521	0.865	0.367	0.514	0.648
AREA	8.568	1.967	4.883	13.33	7.190	8.310	10.09
STATE	0.288	0.454	0	1	0	0	1
PERC	0.548	0.409	0	1	0.101	0.570	1
FIRST	0.440	0.166	0.103	0.852	0.306	0.448	0.531
METD1	0.640	0.481	0	1	0	1	1
METD2	0.119	0.324	0	1	0	0	0
METD3	0.161	0.368	0	1	0	0	0
METD4	0.080	0.273	0	1	0	0	0

　　大股东的操纵能力方面，第一大股东持股比例对非正常评估增值率的影响变量（FIRST）前面的系数为 0.0056，与预期符号一致，并且在 10% 水平上显著为正，说明随着第一大股东持股比例的提高，非正常评估增值率有不断上升的趋势，这与原红旗等（2008）、杨静（2009）的结论一致，**假设 5-1** 得到验证。但是这一结果在分组的回归中未得到非常显著的结果。

　　大股东的操纵意愿方面，资产负债率（LEV）与非正常评估增值率的相关系数为 −0.2506，但是并不显著。因此，**假设 5-2** 得到验证。这可能是两种相反结果综合后存在一定的抵消作用所致。但是在表 5-3 的第二、三列的回归结果中存在着很大的差异。首先，在掏空的样本中，

表 5-2　主要变量 Pearson 相关性系数

变量	ABREV	ROE	SIZE	GROW	LEV	STATE	FIRST	NUM	METD1	METD2	METD3	PERC	MTPAY
ABREV	1												
ROE	0.174***	1											
SIZE	-0.0160	0.237***	1										
GROW	0.178***	0.251***	0.0710	1									
LEV	-0.0850	-0.136**	0.329***	0.0530	1								
STATE	0.0180	-0.0290	-0.351***	0.0120	-0.185***	1							
FIRST	0.0480	0.303***	0.494***	0.223***	-0.0010	-0.230***	1						
NUM	0.0060	0.0540	0.0930	-0.0220	-0.0520	-0.140**	-0.0060	1					
METD1	-0.189***	-0.0670	0.136**	-0.0200	0.0800	0.0680	0.0490	0.0110	1				
METD2	0.253***	0.166**	0.0240	0.0450	-0.0600	-0.0600	0.0760	0.191***	-0.489***	1			
METD3	-0.0550	-0.0150	-0.201***	0.0300	-0.0640	0.0010	-0.100	-0.139***	-0.584***	-0.161**	1		
PERC	0.326***	0.116*	0.0910	0.127*	-0.0240	0.0170	0.229***	-0.192***	-0.159**	-0.0110	0.117*	1	
MTPAY	-0.100	-0.0270	-0.0400	-0.101	-0.221***	0.157*	-0.0180	-0.279***	-0.100	-0.100	0.215***	0.128*	1

备注：*** 表示在 1% 水平上显著，** 表示在 5% 水平上显著，* 表示在 10% 水平上显著。

LEV 的符号为负，并且在 10% 水平上显著为负，说明公司的资产评估率越低，即财务状况越好，大股东越可能通过操纵资产评估的结果实现掏空的目的。另外在支持的样本中，LEV 的符号为正，并且在 10% 的水平上显著，说明资产负债率越高，非正常评估增值率越大，这意味着当公司处于财务困境时，大股东会进行资产评估操纵来改善公司的财务状况。此结论和 Easton et al.（1993）、Aboody et al.（1999）的研究结果一致，他们的研究均发现上市公司实施资产评估的一大动机就是改善其资产负债情况。**假设 5-3** 和**假设 5-4** 得到验证。

变量评估机构声誉（NUM）与非正常评估增值率的相关系数为 −0.1529，与预期符号相同，但是并不显著，没有通过检验。这说明我国证券市场中对高质量的评估信息需求不足，但是对低质量的评估信息却存在很大的需求，低质量的评估机构往往通过获得较高的市场份额而逐渐成为声誉较好的评估机构。并且我们的资产评估机构作为证券市场中的中介机构，在制约大股东操纵资产评估结果的行为，没有起到应有的监督作用。**假设 5-5** 未通过验证。

评估方法的运用上，METD1 和 METD3 前面的系数为负，并且均在 5% 的水平上显著，说明采用成本法和市场法能够减少资产评估操纵行为的发生。但是采用收益法的变量（METD2）的系数为正，与预期符号一致，但是并不显著，说明采用收益法实施的资产评估，并未显著提高非正常增值率。因此，**假设 5-6** 得到验证，但是**假设 5-7** 未得到证实。

固定资产比重（PERC）的系数为 0.1249，并且在 10% 的水平上显著为正，说明标的资产中固定资产比重，对非正常评估增值率有正向影响，即固定资产比重越大，非正常评估增值率也越大，**假设 5-8** 得到验证。

支付方式对非正常评估增值率的影响变量（MTPAY）的系数为 −0.17，并且在 10% 的水平上显著为负，这说明采用现金支付方式的资产收购关联交易中，非正常评估增值率较低，但是采用股票支付方式在一定程度上提高了非正常评估增值率。得到的结论与预期一致，因此，**假设 5-9** 得到验证。并且在分组的研究中，我们发现在掏空的样本中，大股东往往采用股票支付的交易方式，而在大股东支持的样本中，采用的更多的是现金支付。也就是说，股票支付方式有利于大股东通过资产评估操纵来掏空上市公司；而现金支付方式更利于大股东通过资产评估操纵来支持上市公司。

控制变量方面，净资产收益率（ROE）与非正常评估增值率成正相关的关系，也就是说净资产收益率越高，非正常评估增值率也越高，但是并不显著，这可能是因为当净资产收益率较低时，公司会得到更多的监督和关注，很难进行资产评估操纵。

公司规模变量（SIZE）与非正常评估增值率的相关系数为0.07，在10%水平上显著为正，说明公司的规模越大，进行资产评估操纵的可能性也就越大。

成长性对非正常评估增值率的影响变量（GROW）前面的系数为0.0976，并且在5%的水平上显著为正，说明具有很好的投资机会的公司，在与大股东进行关联资产收购时，更可能进行资产评估操纵，因此，成长性与非正常评估增值率正相关。从表5-3的第二、三列中可以看出，支持组中，成长性和资产评估操纵的关系显著为负，也就是说成长性越低，大股东越可能通过资产评估操纵来实现对上市公司的支持。

产权性质变量（STATE）与非正常评估增值率的相关系数为0.1466，但是不显著。说明在国有公司和非国有公司中，大股东通过其影响力操纵资产评估结果的行为不存在显著的差异。但是在掏空组的回归结果可以看出，非国有公司进行资产评估操纵的可能性更大，并且操纵的目的是为了掏空上市公司，但是支持组的结果不显著。

市场化水平（AREA）前面的系数为负，但是没有通过显著性检验。说明在我国目前的市场化水平下，对投资者保护的程度还不够，不能够制约上市公司侵害中小投资者的行为。在表5-3第二列的回归结果中，这一结果在10%水平上显著为负，说明市场化水平越低，大股东越可能通过资产评估操纵来掏空上市公司，这也和早前的研究一致。

表5-3　资产评估操纵影响因素的多元回归结果

变量	全样本	掏空组	支持组
ROE	0.0006	0.0030	0.0005
	（0.20）	（0.50）	（0.54）
SIZE	0.0700*	0.0907	0.0024
	（1.65）	（1.45）	（0.13）

续表

变量	全样本	掏空组	支持组
GROW	0.0976**	0.0211	−0.0592**
	（2.11）	（0.34）	（−2.27）
LEV	−0.2506	−0.5882*	0.1373*
	（−1.12）	（−1.75）	（1.78）
STATE	0.1466	0.3013**	−0.0240
	（1.47）	（2.11）	（−0.52）
FIRST	0.0056*	−0.0052	0.0006
	（1.93）	（−1.04）	（0.52）
NUM	−0.1529	−0.1728	0.0305
	（−1.42）	（−1.13）	（0.71）
METD1	−0.2939**	−0.1846	0.0321
	（−2.30）	（−1.08）	（0.53）
METD2	0.2073	0.1951	0.0483
	（1.27）	（0.97）	（0.58）
METD3	−0.3345**	−0.3316*	−0.0132
	（−2.21）	（−1.70）	（−0.19）
PERC	0.1249*	0.1268	−0.0729**
	（1.84）	（1.42）	（−2.43）
MTPAY	−0.1700*	−0.2703**	0.0889**
	（−1.81）	（−2.06）	（2.39）
AREA	−0.0197	−0.0594*	0.0084
	（−0.84）	（−1.75）	（0.91）
CONS	−1.1715	−1.6295	−0.2940
	（−1.16）	（−1.20）	（−0.76）
INDUSTRY	YES	YES	YES

续表

变量	全样本	掏空组	支持组
YEAR	YES	YES	YES
N	213	122	91
R2_a	0.1465	0.0044	0.1788

备注：＊＊＊ 表示在 1% 水平上显著，＊＊ 表示在 5% 水平上显著，＊ 表示在 10% 水平上显著。

第四节　本章小结

本章利用 2007—2012 年资产收购关联交易作为研究对象，验证了影响非正常评估增值率的因素，考察的影响因素包括四类：大股东的操纵能力、大股东的操纵意愿，用公司的资产负债率来进行衡量、评估机构与方法，以及交易本身的特征，包括固定资产比重和支付方式。通过总结前人的研究成果，本章从理论上对各个影响因素进行了深入的分析，并提出了 9 个假设。通过实证检验，我们发现大股东的操纵能力、大股东的操纵意愿、交易本身的特征和评估方法的选择与非正常评估增值率存在显著的相关关系。

具体来说，本章的研究结论包括：

①大股东的操纵能力越强，非正常评估增值率越高。即第一大股东持股比例越高，大股东拥有的控制权越大，他们能够在更大的程度上影响公司的行为，说明大股东的操纵能力能够影响最终的操纵结果。

②大股东的意愿对非正常评估增值率的影响分为两类：当公司的资产负债率较低时，大股东通过资产评估操纵来掏空上市公司的意愿较强，即在掏空的样本中，资产负债率与非正常评估增值率负相关；相反，当资产负债率较高时，大股东通过资产评估操纵来支持上市公司的意愿较强，即在支持的样本中，资产负债率与非正常评估增值率正相关。

③评估方法中，成本法和市场法与非正常评估增值率负相关，说明采用成本法和市场法进行的资产评估，能够在一定程度上减少大股东进行资产评估操纵的行为。而收益法的运用对非正常评估增值率的影响不

显著，说明收益法不能起到降低非正常评估增值率的作用。

④标的资产中固定资产所占比重与非正常评估增值率正相关，说明标的资产中固定资产越多、价值越大，大股东进行资产评估操纵的可能性越大。进一步说明，不同的资产类型对资产评估的操纵程度存在影响。

⑤采用现金支付方式的资产收购关联交易，非正常评估增值率较低，但是采用股票支付方式在一定程度上提高了非正常评估增值率。分组的研究我们发现，股票支付方式有利于大股东通过资产评估操纵来掏空上市公司；而现金支付方式更利于大股东通过资产评估操纵来支持上市公司。

⑥评估机构声誉与非正常评估增值率存在一定的相关关系，但是结果并不显著，这主要和我国对高质量的评估报告需求不足有关，说明在当前经济环境中，资产评估还主要基于制度上的规定，资本市场对资产评估的需求不足。

第六章　资产评估操纵的市场反应

　　本章在前述研究的基础上，分析在资产收购关联交易中，大股东操纵资产评估结果的市场反应；从资产评估结果公告的市场反应角度利用事件研究法研究资产评估操纵的经济后果；从投资者的角度研究资产评估结果公告的短期和长期市场反应。首先，对资产评估结果公告的市场反应进行理论分析，提出研究假设。通过对不同窗口期累计超额收益率的比较分析，研究在资产收购关联交易中资产评估结果公告日前后的市场反应情况，进而判断资产评估结果公告日期间具有的信息含量。本章的研究将有助于检验本书成书阶段我国资产评估制度安排的有效性，为解决信息不对称和大股东行为对上市公司和中小投资者的影响等代理问题提供相关政策建议。

第一节　理论分析与研究假设

　　关联并购重组在资本市场中的地位非常重要，在资本市场的发展历程中占据着无可取代的地位。学者们对关联并购重组的研究也从未间断，在关联并购重组的研究中，一部分学者认为关联并购重组能够创造价值，是关联企业间进行资源优化配置的重要手段，也能够提高企业的同业竞争力。特别是，在资本市场还不够发达和完善时，关联企业或者集团内部资源的分配，能够提高公司的价值。例如，Khanna 和 Palepu（2000）对印度公司关联并购重组的经济后果进行了分析，他们通过对比发现企业集团的盈利能力要好于独立公司。申玄汉和朴永秀（1999）对韩国公司的分析得到了相同的结论。他们认为韩国最大的 30 家企业集团融资约束较独立公司小，这主要源于集团内部资金市场的存在。但是也有一部分学者对这一观点并不认同，他们认为关联并购重组会降低公司的价值，损害投资者的利益。尤其是，在中小股东保护不完善的情况下，关联并购重组往往成为控股股东获取私人利益的方式。控股股东会利用多种手段，以其他股东的利益损失为代价来获取自身的利益，例如资产转移、证券回购、利用转移定价进行内部交易等，这些非公开性的手段被称为隧道效应（Johnson et al., 2000）。同样，Bae et al.（2002）通过对韩国的企业集团进行的研究发现，集团内部的并购使得控股股东的财富得到了提升，但是小股东的利益却遭到了损害。

在中国的资本市场中关联并购重组更为活跃，上市公司通过并购关联的非上市公司来进行资源的重新配置。在股权分置改革时期，控股股东与上市公司等关联方通过进行股权和资产的置换及转让等，实现其"保壳"及"圈钱"等目的，由此可见，这一时期关联并购重组的"价值侵害"效应表现较多。随着我国市场经济的不断深入，市场化并购的制度性基础也基本形成，但是关联并购重组仍旧存在，数量和规模也不断增大。在此时期，大股东往往并不会对上市公司直接"掏空"，其财富增值主要通过加快内部积累或者外部并购扩张将上市公司市值做大。基于上述分析，本书认为资产评估操纵总体上损害了投资者的利益。因此，在事件公告日期间，市场获得了显著的负的超额报酬，说明大股东与上市公司之间的资产收购行为受到了投资者的抵制，大股东为实现控制权私人收益通过关联交易实现了利益输送，进而损害了小股东的利益。资产评估结果公告在短期内能够获得正的短期绩效，但是这种绩效不具有持续性。而将掏空组和支持组进行对比，支持组的累计超额收益率要比掏空组高（见表 5-3）。因此，本书提出如下假设：

假设 6-1：资产评估结果公告对股价存在影响。

假设 6-2：资产评估结果公布最终降低了投资者的收益。

假设 6-3：支持组的累计超额收益率要比掏空组高。

第二节　研究设计

一、样本选取与数据来源

本部分将 2007—2012 年我国上市公司的资产收购关联交易行为作为研究样本。剔除标准除了前文叙述的之外，由于样本中有些样本是同一家公司在一年中可能发生多次的收购，因此，在本部分只取第一次收购的样本。依据上述标准，最后获得了 160 个有效的观测值。

二、模型的设定与变量的选择

1. 累计超额收益率的计算

本章基于事件研究法，通过计算累计超额收益（CAR）来分析资产评估公告的市场反应。将事件研究法应用于本章的研究中，事件日定义为资产收购关联交易中资产评估结果公告日，并将该事件作为单个事件，在此基础上确定一个以公告日为中心的"事件期"，通过计算公告发布前后事件期内样本公司实际收益与公司股票的预期（正常）收益之间的差额，来确定资产收购关联交易对股东财富的影响，根据以往的研究，一般用累积超额收益（CAR）来衡量股东财富的变化。具体来说，计算累计超额收益（CAR）的步骤包括：

①确定研究窗口和事件期。本章在对事件窗口期的选择上，同时考虑了不同窗口期累计超额收益（CAR）的均值 T 检验结果，并结合研究目的和事件窗口选择标准，采用 6 个事件窗口进行市场反应的检验，分别采用 [-30，-1] 和 [+1，+15] 来衡量并购前和并购后的市场反应，采用 [-2，0]、[-1，0]、[-1，1] 和 [0，2] 来衡量资产评估公告（并

购公告）前后的市场反应。

②计算预期正常收益率［E（R）］。首先计算超额收益（AR）：

$$AR = R - E（R）$$

其中，R 是指事件期内本研究样本公司的实际收益；$E（R）$ 是样本公司同期如果不发生事件的预计收益。根据市场调整法，股票 i 在 t 天的日超额收益：

$$AR_{i,t} = R_{i,t} - R_{m,t}$$

③将该股票事件期内每一天的超额收益进行加总，计算股票 i 在 $[T_1，T_2]$ 内的累计超额收益：

$$CAR_{i,t} = \sum_{i=T_1}^{T_2} AR_{i,t}$$

④计算事件期间内，全部样本公司在 t 天的日平均超额收益（$AAR_{p,t}$）和 $[T_1，T_2]$ 内的平均累计超额收益（CAR_{pt}）。

$$AAR_{p,t} = \frac{1}{N} \sum_{i=1}^{N} AR_{i,t} = \frac{1}{N} \sum_{i=1}^{N} \left[R_{i,t} - R_{m,t} \right]$$

$$CAR_{p,t} = \sum_{i=T_1}^{T_2} AAR_{p,t} = \frac{1}{N} \sum_{i=T_1}^{T_2} \sum_{i=1}^{N} AR_{i,t}$$

⑤对 $CAR_{p,t}$ 进行 T 检验，分析其是否与零存在显著差异。据此判断资产评估结果公告对于上市公司市场价值的影响情况（刘锴，2009）。

2. 市场反应模型

本章构建市场反应影响因素模型如下：

$$CAR = \alpha_0 + \alpha_1 ABREV + \alpha_2 TUN + \alpha_3 TOBINQ + \alpha_4 ROA + \alpha_5 LOCA +$$
$$\alpha_6 LEV + \alpha_7 SIZE + \alpha_8 INDUSTRY + \alpha_9 YEAR + \varepsilon$$

3.变量的选取

（1）被解释变量

为了更好地分析关联资产收购的资产评估公告的市场反应，并根据本书事件窗口期的选取标准，最终本章的被解释变量分别为衡量并购公告前和并购公告后4个不同窗口期的累计超额收益。

（2）解释变量

本章的研究范围包括非正常评估增值率对累计超额收益率的影响，大股东掏空和支持对累计超额收益率的影响。因此，解释变量包括非正常评估增值率变量（ABREV）、掏空和支持的变量（TUN），当TUN取0时，代表大股东支持，取1时代表大股东掏空。

（3）控制变量

托宾Q（TOBINQ），代表公司的投资机会和成长性。对于投资机会较多和成长性较好的公司而言，在投资方面往往具有很好的灵活性，公司内部资源也都能得到很好的利用，其本身实施的并购能够获得净现值为正的项目，带来正向的市场反应（刘锴，2009）。因此，本章加以控制。

总资产收益率（ROA），来衡量公司的会计业绩高低，控制不同会计业绩的影响。

同一地方管辖（LOCA），代表交易双方是否同一地方政府管辖，如是，取1，否则取0。本章选择这一变量来控制资产收购关联交易的地方特征。

资产负债率（LEV），控制债务规模。大量研究表明资本结构会影响公司的投资决策，并且财务杠杆意味着公司面临的财务风险，市场对不同财务风险下公司的并购行为会做出不同的反应，因此，本章选择资产负债率（LEV）来控制财务风险对短期市场反应的影响。

公司规模（SIZE），为总资产的自然对数，控制公司规模的影响。根据前人的研究发现在并购重组的事件研究中，公司规模能够对研究结果产生一定的影响。规模较大的并购活动在资本市场中受到的关注程度较高，其中一个重要原因是这种并购活动往往反映公司的战略，能够释放一定的信号，从而影响投资者的决策，最终体现在并购重组的市场反应里。因此，本章加以控制。

行业变量（INDUSTRY）。

年度（YEAR）。

第三节　实证分析

一、描述性统计

1. 全样本描述性统计分析

为了对本章所研究的股票累计超额收益率在各个窗口期的变化趋势，本书首先对所有 18 个窗口期内的累计超额收益率进行总样本的描述性统计分析，分析各窗口期的均值、最大值和最小值，并对各窗口期的均值进行显著性 T 检验，用以检验**假设 6-1** 和**假设 6-2**，结果如表 6-1 所示。可以看出，在窗口期 [-10, -5]、[-5, -3]、[-3, -1]、[-1, 0]、[0, 1]、[1, 2]、[2, 4]、[3, 5] 累计超额收益率的均值变化较有规律，从公告日前来看，从 0.0075 逐渐上升，在 0 时点达到最大，后又不断下降到负值，即 [3, 5] 窗口期的 -0.0078。从各窗口期的均值中还可以看到，在事件日前后较短的时间内，累计超额收益率发生了显著的变化，这说明资产评估结果的披露对有效市场来说是具有信息含量的。

从表 6-1 中对各窗口期累计超额收益率的均值 T 检验来看，样本累计超额收益率在列举的 16 个窗口期中都显著异于零。这在一定程度上证明，在资产评估公告公布之前，市场已做出了反应，说明市场可能对此公告有所预期而提前反应，并在资产评估结果公告日附近累计超额收益率呈上升趋势，但是这种趋势的持续性较差。另外，累计超额收益率的均值在 [1, 2] 的窗口期不显著，说明在这两个窗口期内市场受此事件的影响比较小或者不受影响。

2. 分样本描述性统计分析

将样本按大股东掏空和支持进行分组，分别对两组样本在上文所述的 18 个窗口期的累计超额收益率进行描述性统计分析及均值 T 检验，从中比较两组样本的差异。如表 6-2 所示。

表 6-1　不同窗口期累计超额收益率的均值 T 检验结果

窗口期	均值	最小值	最大值	T 值	P 值
[−20，0]	0.0494	−0.4133	0.6386	16.8894[***]	0
[−10，−5]	0.0075	−0.2974	0.3317	2.743[***]	0.0062
[−5，−3]	0.0088	−0.2051	0.2596	2.9087[***]	0.0038
[−3，−1]	0.0103	−0.1678	0.1868	3.7638[***]	0.0002
[−2，0]	0.0119	−0.1729	0.2183	3.8834[***]	0.0001
[−1，0]	0.0108	−0.1806	0.1994	3.2847[***]	0.0011
[0，1]	0.0094	−0.1922	0.2011	2.6895[***]	0.0075
[−1，1]	0.0135	−0.1915	0.2496	4.0078[***]	0.0001
[1，2]	0.0041	−0.1993	0.1999	1.3231	0.1868
[0，2]	0.0107	−0.2302	0.2996	3.0361[***]	0.0025
[−1，3]	0.0114	−0.3044	0.2604	3.6858[***]	0.0002
[2，4]	−0.0061	−0.2993	0.1519	−2.103[**]	0.036
[3，5]	−0.0078	−0.2719	0.1968	−2.6606[***]	0.0081
[5，10]	0.0055	−0.2088	0.2734	2.0696[**]	0.0388
[10，15]	−0.0062	−0.2353	0.2326	−2.3322[**]	0.0199
[15，20]	−0.0125	−0.3427	0.2755	−4.4002[***]	0
[0，20]	−0.0099	−0.7487	0.4506	−3.4971[***]	0.0005

备注：*** 表示在 1% 水平上显著，** 表示在 5% 水平上显著，* 表示在 10% 水平上显著。

从表 6-2 可以看出，在全部 18 个窗口期中，支持组的均值都大于掏空组，并且在 [−20，0]、[−1，0]、[−1，1]、[−1，3]、[3，5]、[5，10]、[0，20]、[0，30] 的 8 个窗口期中，均通过了显著性检验。这一结果说明掏空组和支持组的累计超额收益率存在显著差异，进一步验证了前文提出的**假设 6-1** 和**假设 6-2**，即资产评估结果公告具有市场反应，并且初步验证了前文的**假设 6-3**，即支持组的累计超额收益率要大于掏空组。

表 6-2　两个子样本比较的均值差异 T 检验结果

窗口期	样本量	均值	最小值	最大值	T/P 值
[−20, 0]	67	0.0645	−0.0995	0.1017	5.0066***
	93	0.0353	−0.1003	0.1005	0
[−10, −5]	67	0.0105	−0.1695	0.2625	1.0764
	93	0.0047	−0.2974	0.3317	0.282
[−5, −3]	67	0.0131	−0.1469	0.2596	1.3531
	93	0.0049	−0.2051	0.1904	0.1766
[−3, −1]	67	0.0138	−0.1055	0.1868	1.2493
	93	0.0070	−0.1678	0.1804	0.2122
[−2, 0]	67	0.0198	−0.1729	0.1844	1.3001
	93	0.0058	−0.1721	0.2183	0.1954
[−1, 0]	67	0.0165	−0.1411	0.1685	1.6712*
	93	0.0055	−0.1806	0.1994	0.0957
[0, 1]	67	0.0101	−0.1361	0.1941	0.1946
	93	0.0087	−0.1922	0.2011	0.8458
[−1, 1]	67	0.0192	−0.1776	0.2321	1.6869*
	93	0.0082	−0.1915	0.2496	0.1
[1, 2]	67	0.0072	−0.0909	0.1264	−1.0467
	93	0.0007	−0.1993	0.1999	0.296
[−1, 3]	67	0.0195	−0.1918	0.2604	2.5487
	93	0.0038	−0.3044	0.2321	0.011**
[0, 2]	67	0.0092	−0.1630	0.2258	−0.7338
	93	0.0119	−0.2302	0.2996	0.4634

窗口期	样本量	均值	最小值	最大值	T/P 值
[2, 4]	67	−0.0058	−0.1662	0.1289	0.1243
	93	−0.0065	−0.2993	0.1519	0.9011
[3, 5]	67	−0.0021	−0.1540	0.1968	1.8724*
	93	−0.0131	−0.2719	0.1513	0.0618
[5, 10]	67	0.0189	−0.1914	0.1768	4.9433***
	93	−0.0070	−0.2088	0.2734	0
[10, 15]	67	−0.0036	−0.1795	0.2326	0.9352
	93	−0.0086	−0.2353	0.2199	0.3499
[15, 20]	67	−0.0091	−0.3427	0.1625	1.1455
	93	−0.0157	−0.3291	0.2755	0.2523
[0, 20]	67	0.0104	−0.3006	0.3016	6.9458***
	93	−0.0288	−0.7487	0.4506	0
[0, 30]	67	0.0909	−0.4387	0.5282	6.0452***
	93	0.0544	−0.6533	0.4667	0

备注：①样本量一栏中，上方数据为大股东实施支持的样本量，下方数据为大股东实施掏空的样本量。

② *** 表示在 1% 水平上显著，** 表示在 5% 水平上显著，* 表示在 10% 水平上显著。

3. 回归中主要变量的描述性统计

表 6-3 是对市场反应模型中的变量进行描述性统计的结果，对各变量的特征进行初步的分析。首先，在全样本中，托宾 Q 的均值为 5.993，ROA 的均值为 6.341。是否同一地区变量（LOCA）的均值为 0.869，说明有 86.9% 的交易双方属于同一地方政府管辖。TUN 的均值为 0.543，说明样本中有 54.3% 属于大股东进行掏空的交易，而 45.7% 属于大股东进行支持的交易。

在表 6-3 的下两个部分是分别对大股东掏空和支持进行的分组的变量描述性统计结果。

表 6-3　主要变量的描述性统计

组别	变量名	mean	sd	min	max	p25	p50	p75
全样本	CAR[−2,0]	0.0119	0.0675	−0.173	0.218	−0.0234	0.0004	0.0458
	CAR[−1,0]	0.0108	0.0588	−0.181	0.199	−0.0236	0.0021	0.0374
	CAR[−1,1]	0.0135	0.0739	−0.192	0.250	−0.0304	0.0066	0.0486
	CAR[0,2]	0.0107	0.0776	−0.230	0.300	−0.0324	0.0017	0.0426
	ABREV	0.314	0.816	−0.459	2.749	−0.110	0	0.371
	TOBINQ	5.993	63.88	0.743	955.6	1.204	1.458	2.007
	ROA	6.341	10.49	−6.680	78.76	1.480	3.930	7.360
	LOCA	0.869	0.339	0	1	1	1	1
	LEV	0.503	0.191	0.0521	0.865	0.367	0.514	0.648
	SIZE	22.27	1.460	13.08	26.71	21.35	22.22	22.99
	TUN	0.543	0.499	0	1	0	1	1
支持组 TUN=0	CAR[−2,0]	0.0131	0.0612	−0.173	0.184	−0.0189	0.00660	0.0457
	CAR[−1,0]	0.0140	0.0554	−0.153	0.169	−0.0110	0.0106	0.0382
	CAR[−1,1]	0.0173	0.0626	−0.178	0.232	−0.0186	0.0139	0.0484
	CAR[0,2]	0.0077	0.0617	−0.163	0.226	−0.0307	0.00350	0.0403
	ABREV	−0.165	0.152	−0.459	0.0527	−0.253	−0.114	−0.0352
	TOBINQ	1.643	0.804	0.909	6.942	1.146	1.388	1.855
	ROA	5.846	9.332	−6.680	78.76	1.140	3.410	7.380
	LOCA	0.869	0.339	0	1	1	1	1
	LEV	0.499	0.210	0.0521	0.865	0.353	0.514	0.672
	SIZE	22.37	1.424	19.49	26.71	21.28	22.26	23.15

组别	变量名	mean	sd	min	max	p25	p50	p75
掏空组	CAR[−2，0]	0.0108	0.0739	−0.172	0.218	−0.0253	−0.0021	0.0491
	CAR[−1，0]	0.0075	0.0623	−0.181	0.199	−0.0261	−0.0032	0.0357
	CAR[−1，1]	0.0095	0.0842	−0.192	0.250	−0.0471	−0.0004	0.0487
	CAR[0，2]	0.0139	0.0913	−0.230	0.300	−0.0362	0	0.0446
	ABREV	0.712	0.924	−0.373	2.749	0.0045	0.321	1.222
	TOBINQ	9.661	86.72	0.743	955.6	1.242	1.521	2.007
TUN=1	ROA	6.755	11.38	−3.400	78.76	1.580	4.110	7.200
	LOCA	0.868	0.340	0	1	1	1	1
	LEV	0.506	0.174	0.0925	0.831	0.377	0.515	0.634
	SIZE	22.18	1.488	13.08	26.49	21.39	22.13	22.82

二、单变量分析

表6-4是各变量之间的Pesrson相关性系数，以判断各变量之间的相关关系。如表6-4所示，各变量之间的相关系数都比较小，表明各变量之间成弱相关关系，不存在多重共线性。

三、多变量分析

在进行了相关性检验后，我们对全部样本进行了多元回归分析，进一步检验资产评估操纵对累计超额收益率的影响，从而分析其市场反应。我们利用模型，对前文提到的四个窗口逐一进行回归分析，回归结果如表6-5所示。

从上述四个窗口的回归分析可以看出，在前四个窗口中变量ABREV的系数均为正，说明非正常评估增值率与累计超额收益率正相关，且在窗口[−2，0]、[−1，1]通过了5%的显著性检验，在[−1，0]和[0，2]通过了10%的显著性检验。这说明，在资产评估结果公告的前两天，市场对事件的发生已经有所预期，并做出了反应。在资产评

表 6-4　主要变量的 Pearson 相关性系数

变量	car[-2, 0]	car[-1, 0]	car[-1, 1]	car[0, 2]	ABREV	TUN	TOBINQ	ROA	LOCA	LEV	SIZE
car[-2, 0]	1										
car[-1, 0]	0.885***	1									
	(0.000)										
car[-1, 1]	0.785***	0.881***	1								
	(0.000)	(0.000)									
car[0, 2]	0.494***	0.531***	0.759***	1							
	(0.000)	(0.000)	(0.000)								
ABREV	0.0950	0.0500	0.0970	0.117	1						
	(0.234)	(0.531)	(0.221)	(0.140)							
TUN	-0.103	-0.131*	-0.100	0.0170	0.611***	1					
	(0.195)	(0.0988)	(0.206)	(0.829)	(0.000)						
TOBINQ	-0.0110	-0.0150	-0.0200	-0.0330	-0.0440	0.0630	1				
	(0.892)	(0.854)	(0.799)	(0.680)	(0.579)	(0.428)					
ROA	0.0180	0.0310	0.0390	0.0320	-0.103	-0.0190	0.231***	1			
	(0.825)	(0.696)	(0.628)	(0.691)	(0.197)	(0.815)	(0.003)				
LOCA	0.0200	0.0280	0.00900	-0.0910	0.0750	-0.0590	0.0240	-0.108	1		
	(0.799)	(0.727)	(0.908)	(0.255)	(0.344)	(0.460)	(0.765)	(0.175)			
LEV	0.102	0.0660	0.120	0.169**	-0.0200	-0.0380	-0.118	0.171**	-0.0360	1	
	(0.201)	(0.404)	(0.129)	(0.032)	(0.802)	(0.630)	(0.137)	(0.0304)	(0.650)		
SIZE	0.0970	0.0810	0.102	0.0560	0.0390	-0.0790	-0.462***	-0.0830	0.131*	0.324***	1
	(0.222)	(0.308)	(0.201)	(0.478)	(0.622)	(0.322)	(0.000)	(0.296)	(0.099)	(0.000)	

备注：（1）两变量的交叉处上行数据为两变量的相关系数，下行括号内数据为相关系数的 P 值。

（2）*** 表示在 1% 水平上显著，** 表示在 5% 水平上显著，* 表示在 10% 水平上显著。

估结果公告的当天，市场反应最为剧烈，并且超额收益率达到最大值。但是在［2，4］窗口，非正常评估增值率与累计超额收益率的关系变为负相关。也就是说，非正常评估增值率损害了投资者的利益。结合上文描述性统计的分析结果发现，在公告之后，市场反应逐渐趋于平缓，直到累计超额收益率降到 0 以下。［2，4］窗口资产评估公告与累计超额收益率的负相关关系，并且在 5% 的水平上显著也进一步证实了前文中的**假设 6-1** 和**假设 6-2**。TUN 变量的系数为负，说明大股东掏空的上市公司产生了消极的市场反应，而大股东支持的上市公司为股东带来了超额收益。这种差异在资产评估结果公告后的两天逐渐消失，市场反应趋于平缓，进而验证了**假设 6-3**。从其他控制变量的符号和显著性来看，托宾Q 变量（TOBINQ）在公告日前后均为正值，并且在［-2，0］和［-1，1］两个窗口，在 5% 的水平上显著。说明公司的投资机会越多，带来的累计超额收益越大。而其他的控制变量包括资产收益率、交易双方是否同属一个地方、资产负债率和公司规模均不显著。

表 6-5　市场反应模型在各窗口期回归分析结果一

变量	car[-2, 0]	car[-1, 0]	car[-1, 1]	car[0, 2]	car[2, 4]
ABREV	2.9506**	2.4076*	3.9677**	2.7928*	-2.9085**
	（2.04）	（1.93）	（2.56）	（1.66）	（-2.19）
TUN	-0.0255*	-0.0286**	-0.0380**	-0.0203	0.0104
	（-1.69）	（-2.19）	（-2.34）	（-1.15）	（0.75）
TOBINQ	0.0178**	0.0124	0.0210**	0.0163	0.0029
	（2.00）	（1.60）	（2.20）	（1.57）	（0.36）
ROA	-0.0002	-0.0001	-0.0001	-0.0003	-0.0002
	（-0.74）	（-0.56）	（-0.33）	（-0.88）	（-0.90）
LOCA	-0.0168	-0.0149	-0.0153	-0.0235	0.0154
	（-0.88）	（-0.91）	（-0.75）	（-1.06）	（0.88）
LEV	0.0002	-0.0003	0.0230	0.0537	0.0538*
	（0.00）	（-0.01）	（0.67）	（1.44）	（1.83）

变量	car[−2, 0]	car[−1, 0]	car[−1, 1]	car[0, 2]	car[2, 4]
SIZE	0.0078	0.0055	0.0083	0.0064	−0.0045
	（1.56）	（1.28）	（1.55）	（1.10）	（−0.97）
CONS	−0.2593*	−0.1007	−0.1409	−0.0843	0.1652
	（−1.90）	（−0.85）	（−0.96）	（−0.53）	（1.32）
INDUSTRY	YES	YES	YES	YES	YES
YEAR	YES	YES	YES	YES	YES
N	160	160	160	160	160
R2_a	0.0465	0.0311	0.0800	0.0102	0.0281

备注：*** 表示在 1% 水平上显著，** 表示在 5% 水平上显著，* 表示在 10% 水平上显著。

第四节　稳健性检验

前文中计算股票的累计超额收益率所采用的是市场调整法。为了测试检验结果的稳健性，我们对被解释变量累计超额收益率的度量方法重新进行测试。在查阅既有文献的研究方法发现，市场模型也是以往研究中广泛采用的方法，因此，本章采用市场模型计算股票的累计超额收益。市场模型的具体计算方法如下：

首先，利用 $R_{i,t}$ 和 $R_{m,t}$ 的数据对市场模型 $R_{i,t} = \alpha_i + \beta_i R_{m,t} + \varepsilon_{i,t}$ 进行线性回归，得到 α_i、β_i 的估计值 $\alpha_i{'}$ 和 $\beta_i{'}$；

然后，利用模型 $R_{i,t} = \alpha_i{'} + \beta_i{'} R_{m,t} + \varepsilon_{i,t}$ 计算股票的期望收益率 $R_{i,t}{'}$。

接着，计算时间窗口期的超额收益率 $AR_{i,t}$

$$AR_{i,t} = R_{i,t} - R_{i,t}{'}$$

最后，计算股票 i 的累计超额收益率 $CAR_i(T_1, T_2)$

$$CAR_i(T_1, T_2) = \sum_{t=t_1}^{t_2} AR_{i,t}$$

对重新度量的变量进行的描述性统计分析及回归分析后，结果如表6-6所示，从表中可以看出结论没有发生实质性变化，因此，前文的假设得到进一步的验证。

表 6-6　市场反应模型在各窗口期回归分析结果二

变量	car[−2, 0]	car[−1, 0]	car[−1, 1]	car[0, 2]	car[2, 4]
ABREV	3.1471**	2.3299**	3.7267**	2.8944*	−1.6034*
	（2.45）	（2.07）	（2.45）	（1.74）	（−1.68）
TUN	−2.3394*	−2.3356*	−3.3207**	−2.3195	−0.2756
	（−1.74）	（−1.98）	（−2.09）	（−1.33）	（−0.28）
TOBINQ	1.6859**	1.4694**	1.9054**	1.3684	−0.3076
	（2.13）	（2.11）	（2.03）	（1.33）	（−0.53）
ROA	−0.0164	−0.0176	−0.0147	−0.0301	−0.0220
	（−0.73）	（−0.90）	（−0.56）	（−1.04）	（−1.03）
LOCA	−0.7803	−0.5435	−0.4989	−2.1703	1.6621
	（−0.46）	（−0.37）	（−0.25）	（−0.99）	（1.34）
LEV	−0.0154	0.6037	2.1228	3.9146	3.5429*
	（−0.01）	（0.24）	（0.63）	（1.06）	（1.69）
SIZE	0.5946	0.5277	0.5579	0.5657	−0.1967
	（1.34）	（1.35）	（1.06）	（0.98）	（−0.60）
CONS	−16.8978	−9.8100	−8.1229	−6.8939	6.6707
	（−1.39）	（−0.92）	（−0.57）	（−0.44）	（0.75）
INDUSTRY	YES	YES	YES	YES	YES
YEAR	YES	YES	YES	YES	YES
N	160	160	160	160	160
R2_a	0.0456	0.0532	0.0134	0.0241	0.0125

备注：***表示在1%水平上显著，**表示在5%水平上显著，*表示在10%水平上显著。

第五节 本章小结

本章采用 2007—2012 年我国上市公司的资产收购关联交易行为作为研究样本，分析了资产收购关联交易中，大股东操纵资产评估结果的市场反应。从已有的文献来看，大部分的研究都将交易的首次公告日作为事件日，来考察交易的市场反应。但是本章采用资产评估报告公告日作为事件日，来研究资产评估报告公布所引起的市场反应。

首先，基于前文所阐述的理论基础，本章提出了如下三个假设：

假设 6-1：资产评估结果公告对股价存在影响。

假设 6-2：资产评估公布最终降低了投资者的收益。

假设 6-3：支持组的累计超额收益率要比掏空组高。

为验证假设的合理性，本章首先对各个窗口期累计超额收益率的均值进行了分析，我们发现，在窗口期 [-10，-5]、[-5，-3]、[-3，-1]、[-1，0]、[0，1]、[1，2]、[2，4]、[3，5] 累计超额收益率的变化较有规律，呈现出先上升后下降的趋势。最终导致累计超额收益率降到 0 以下。说明资产评估操纵总体上降低了企业的价值。从各窗口期的均值中还可以看到，在事件日前后较短的时间内，累计超额收益率发生了显著的变化，这说明资产评估结果的披露对有效市场来说是具有信息含量的。因此，**假设 6-1** 和**假设 6-2** 得到了验证。

紧接着，本章将样本按大股东掏空和支持进行分组，分别对两组样本在上文所述的 18 个窗口期的累计超额收益率进行描述性统计分析及均值 T 检验，结果发现支持组的均值都大于掏空组，并且在 [-20，0]、[-1，0]、[-1，1]、[-1，3]、[3，5]、[5，10]、[0，20]、[0，30] 的 8 个窗口期中，均通过了显著性检验。这一结果说明掏空组和支持组的累计超额收益率存在显著差异，进一步验证了前文提出的**假设 6-1** 和**假设 6-2**，即资产评估结果公告具有市场反应，并且初步验证了前文的**假设 6-3**，即支持组的累计超额收益率要大于掏空组。

最后本章对全部样本进行了多元回归分析，进一步检验资产评估操纵对累计超额收益率的影响，从而分析其市场反应。在前 4 个窗口中变量 ABREV 的系数均为正，说明非正常评估增值率与累计超额收益率正相关，这说明，在资产评估结果公告的前两天，市场对时间的发生已经有所预期，并做出了反应。在资产评估结果公告的当天，市场反应最为剧烈，并且超额收益率达到最大值。但是在［2，4］窗口，非正常评估增值率与累计超额收益率的关系变为负相关。也就是说，非正常评估增值率损害了投资者的利益。［2，4］窗口资产评估公告与累计超额收益率的负相关关系，也进一步证实了前文中的**假设 6-1**和**假设** 6-2。TUN变量的系数为负，说明大股东掏空的上市公司产生了消极的市场反应，而大股东支持的上市公司为股东带来了超额收益。这种差异在资产评估结果公告后的两天逐渐消失，市场反应趋于平缓，进而验证了**假设 6-3**。

　　本章的研究得出了如下的结论：①在资产评估报告公布前后，市场累计超额收益率有短暂的提高，但是，在公布两天后这种影响不复存在，并且累计超额收益率降到 0 以下，也就是说，大股东的资产评估操纵行为总体上损害了投资者的利益；②大股东掏空的样本中累计超额收益率显著低于支持样本，也就是说，掏空样本中，大股东操纵资产评估的行为损害投资者利益的程度更大。

第七章　资产评估操纵与资本成本

本章主要研究资产评估操纵的经济后果——对资本成本的影响，分别从权益资本成本和债务资本成本两个方面进行分析。对资产评估操纵的经济后果的研究之所以选择考察资产评估操纵对资本成本的影响，主要原因是资产评估操纵是大股东行为的体现，大股东的行为必然对外部的利益相关者具有很大的影响，而资本成本能够涵盖主要的两类外部利益相关者（中小股东和债权人）。因此，对资本成本的考察，能够反映大股东这一行为的最主要经济后果。

第一节　理论分析与研究假设

一、资产评估操纵与权益资本成本

1. 股权集中度与权益资本成本

权益融资是股份公司为获得权益资本而进行的筹资活动。相应地，股份公司为了得到资金支持，通常会选择发行股票来获得外部资金。在这一过程中，对股份公司而言，权益资本成本就是发行股票所付出的代价，对现有股东而言，权益资本成本就是通过购买股票获得资金的机会成本，也是他们投资资金所要求的最低报酬率。早前的研究发现，所有权集中会带来利益趋同效应和隧道效应正反两方面影响，而这两方面又对公司的资本成本具有显著的影响。利益趋同效应认为当公司的所有权高度集中时，控股股东持有的股票份额较高，说明他们具有较高的现金流权和投票权，控股股东的利益与公司利益具有一致性，表现出较强的利益协同效应，公司价值最大化能够带来大股东利益最大化，能够向市场传递可靠的承诺，同时大股东更有能力和动力监督管理者，即所有权的集中对于第一类代理问题（股东与管理者之间的利益冲突）具有很好的缓解作用。因此，市场会对上市公司与大股东进行的关联交易给予肯定，相应地投资者会给予积极的反应，将导致股权融资成本较低。

相反，当大股东拥有相对较高的控制权（即投票权），或者说控制权比例远超过现金流权时，说明公司的两权分离度较大。在这种情况下，大股东有强烈的动机侵占外部中小投资者的利益，他们对提高公司价值的动机也变得较弱，此时表现出较强的"隧道效应"。在利益输送过程中，大股东将获得全部收益，但是与这些收益相对应的成本却要由公司所有股东承担。隧道效应认为集中的所有权结构会导致第二类代理问题，即大股东与小股东之间的利益冲突。当中小投资者预期到大股东以牺牲中小股东利益来换取私人利益时，他们会寻求一种风险补偿机制，即提高投资所要求的必要报酬率，因此，隧道效应的存在会提高权益资本成本。从另外一个角度来说，公司在资本市场上的市场价值就会低于其自身的内在价值，这种形式的折扣就是"隧道效应"的成本。

我国作为新兴经济体，具有世界上所有新兴经济体的共同特征，即股权集中度较高。较高的股权集中程度对公司的融资决策和融资成本都有一定的影响。我国的学者也对这方面进行了深入的研究。其中丁希炜（2008）考察了我国上市公司的控股股东特征（两权分离程度）对再融资成本的影响。他们以2001—2004年进行配股再融资的上市公司作为研究样本，通过实证分析发现当公司的最终控制人的现金流权和控制权比例均较高，即公司的两权分离程度较低时，公司的累计超额收益率（CAR）较高，配股发行的费用率较低，但是配股的折价率却非常高，这一现象说明配股价格的确定更多地体现了最终控股股东的利益，为了在配股过程中通过降低配股价格，他们能够获得更多的股票份额，这一行为需要上市公司承担更高的融资成本。马忠和陈彦（2008）进行的相关研究发现公司的两权分离程度并不一定会导致大股东对中小股东的侵害，控股股东的控制权在不同的比例区间，控股的成本和收益水平不同，控股股东的行为也存在差异性，进而对第二类代理问题的存在性和程度均有不同影响。具体而言，如果金字塔结构中控股股东的持股比例（控制权）低于30%时，控股股东的行为会受到其他大股东的监督，对其侵占公司资产和收益的行为具有抑制作用。

2. 股权集中度与投资者保护

早前针对集中的股权结构背景的一个研究重点是股权集中度与投资者法律保护之间的关系。LaPorta（1997）、Lopea-desilanes（1998）、Shleifer 和 Vishny（2000）都在其各自的研究中，深入考察了法律与投资者保护的关系。他们发现在不同的法律制度下，投资者法律保护程度在各个国家中存在很大的差异，进而使每个国家的公司产生了独具特色的所有权结构。另外，他们还发现股权结构越分散，该企业所在的国家或地区的投资者法律保护越完善；相反，如果企业的股权相对集中，则说明该企业所在的国家和地区投资者法律保护就相对较弱。他们的研究也是最早发现股权集中是投资者法律保护的替代机制。

各国学者对投资者保护的研究兴趣越来越浓厚，权益资本成本也越来越受到关注，而二者之间的关系也开始被广泛研究，并且成果很丰富。La Porta et al.（1997）认为，在投资者法律保护较好的环境中，公司的内部人很难对公司的资产和收益实施侵占，外部投资者的收益主要体现为股息回报。外部投资者，在投资环境良好时，甘愿为权益投资提供更高的价格。这样公司的资本成本就降低了，外部融资的能力也会得以提高，金融市场也会向良好的态势发展。La Porta et al.（1999，2002）认为，控股股东必然会追求自身利益最大化，中小投资者法律保护程度较高，能够降低内部人对外部股东的剥削程度，控股股东为使公司易于筹集资金或分散风险，愿意减少持股比例，提高公司的价值。Himmelberg et al.（2002）、Hail 和 Leuz（2003）也研究了投资者保护程度与权益资本成本之间的关系，他们的结论与前人的研究较一致，即发现了他们之间的负相关关系。

3. 资产评估操纵与权益资本成本

我国的公司股权较集中，普遍存在一股独大现象。大股东较高的持股比例，使他们对公司的控制度极高，操纵战略决策和参与日常经营管理，从实质上来说，他们是公司实际的经营管理者。基于信号传递理论，由于公司的内部人（包括管理者和大股东）是公司经营管理的参与者，与中小投资者相比，他们是信息的提供者，信息优势被他们无形中占据了。资产收购关联交易中，大股东最常采用的手段是利用影响交易定价的方式来实现其掏空或支持上市公司的目的。原红旗等（2008）通过对股份制改制中的资产评估操纵情况进行研究，发现大股东完全持股与非正常评估增值率正相关，本书前面的研究也发现第一大股东持股比例与非正常评估增值率存在正相关关系。也就是说股权越集中，资产评估操纵的可能性越大。资产评估操纵的程度反映了大股东能够对上市公司施加影响的程度，也就是控制的程度。所以，资产评估操纵程度越高，大股东与中小投资者之间的信息不对称程度越高，中小投资者的受保护程度越低。

对于中小股东来说，他们对于大股东的行为很难观察到，他们也没有切实的证据来验证大股东的行为，以及这些行为所带来的收益和损失。信息不对称会导致道德风险，从大股东和中小股东的角度来说，中小股东通过投资获得公司股份后，与作为内部人的大股东之间存在着信息不对称，大股东可能会出现机会主义行为，从而提高中小股东的预期成本，相应地降低了预期收益。中小股东通过购买股票，按比例得到公司的权益，同时也说明他们与公司控股股东之间产生了契约关系，控股股东和中小投资者分别是该契约的两个责任方。作为不同的利益主体，他们对这份契约的市场预期也存在很大的差异。作为中小股东，他们希望公司能够创造稳定、持续的利润，并且控股股东能站在中小股东的立场来参与公司的经营决策，以保证他们的投资获得稳定的回报。但是作为控股股东，在信息不对称的环境中，他们始终处于信息的优势地位，因此，控股股东行为对于中小股东来说是不可观察到的。中小股东对控股股东的约束机制很难形成，因此，控股股东能够通过自利行动获得更多的利益，主要手段包括上市公司为控股股东或其控股的其他公司提供抵押担保、不分配或少分配现金股利、转移资产等，从而提高公司的运营成本和减少公司的收益，中小股东的收益水平也受到影响。除此之外，控股股东的行为具有不可验证的特点，也就是说，市场往往缺乏说真话的机制，即使中小股东能够了解控股股东的行为，并且这些行为与中小股东的利益也较一致，但是中小股东无法对契约的合理性和真实性进行验证，控股股东可能虚构一些行为出来，向市场传递一种积极信号，但是对中小股东来说，是一种虚假的信息，无法使他们获得预期收益，甚至会造成他们的利益受损，这也是信息不对称所带来的"道德风险套利"。

由此可见，内生性的信息不对称和信息操纵性的信息不对称同时存在于控股股东和外部中小股东之间。内生性不对称源于控股股东对公司资源的配置权，以及在股东会、董事会上的投票权，因而具有天然的信息优势（赵世阔，2011）。控股股东为了获得控制权私人收益，会构建金字塔式的复杂的股权结构，为中小股东获得更多的信息设置屏障。除此之外，控股股东还可能发布虚假的关联交易的信息，或者对于信息进行有选择性的披露，尤其是对控股股东利益可能受到负面影响的信息少披露，甚至不披露，进而为获得控制权私利创造条件，这就是操纵性信息不对称。控股股东的信息操纵可能表现为正向性的支持，也可能表现为反向性的掏空。

在上文对资产评估操纵因素的研究中，本书作者发现资产负债率较高、成长性高的公司，大股东会利用资产评估操纵来实现支持上市公司发展的目的，但是在这类公司中，投资者的敏感程度较高，上市公司与大股东之间的关联交易会被外部投资者视为一种负面信号，进而提高权益资本成本。而在资产负债率较低、成长性不太好的公司，大股东则会利用资产评估操纵来实现掏空上市公司的目的。但是这类公司中的投资者敏感度不会太高，关联交易的影响非常小。因此，本章提出如下假设：

假设 7-1：在第一大股东与上市公司之间的关联交易中，资产评估操纵与权益资本成本正相关。

假设 7-2：在大股东实施掏空的公司中，资产评估操纵与权益资本成本正相关。

假设 7-3：在大股东实施支持的公司中，资产评估操纵与权益资本

成本负相关。

二、资产评估操纵与债务资本成本

随着我国资本市场的不断进步，我国上市公司的融资方式也不断变化，值得一提的是债务融资已经发展成为融资的主要方式之一。仅依据资本成本而言，债务融资的资本成本较低，能够避免大股东控制权被稀释。公司能够获得债务融资，也在一定程度上反映公司的财务状况较好，能够得到债权人的信赖，向市场传递积极信号。债务融资不但能够为公司提供资金注入，而且也是有效治理公司的一种机制。从这个角度上说，债务融资成本是公司为获得负债融资所承担的代价，也是债权人要求的必要报酬率，债务资本成本的高低也意味着企业在一定时期内取得债务融资的难易程度。

Jensen 和 Meckling （1976）的代理理论分析框架中，将债权人视为债务的利益相关者。对于债权人来说，公司中存在的两种代理冲突，都可能会导致公司违约，损害债权人的利益。因此，债权人会在原有的基础上降低对公司价值的估计。债权人面临的第一类代理冲突是管理者和所有外部利益相关者（债权人和中小股东）之间的利益冲突。所有权和控制权的分离导致了外部利益相关者和管理者之间的信息不对称。信息不对称使管理者有机会损害外部利益相关者的利益，来追求他们自己的利益。自利的管理者行为包括过度在职消费和过多的薪酬发放等，这些会增加外部利益相关者的代理风险，降低外部利益相关者对公司现金流的期望收益价值的估计。随着公司预期未来现金流的不断降低，债权人索要承担的违约风险增加。

债权人面临的第二大代理冲突是与股东之间的冲突。负债率较高公司的股东有动机从债权人手中转移财富。这种财富的转移会采用影响未来现金流的方式。例如，如果股东要求获得直接的收益（股利或回购股票），而不是支持管理者投资具有正的净现值的项目，公司未来的现金流会降低，债权人的违约风险将增加；相似的是，如果股东施加影响，让管理者投资风险非常大的项目，会提高公司未来现金流发生较大变动的可能性，债权人也会面临违约风险。在上述两个例子中，由于债权人的收益是固定的，因此，债务资本成本上升。

关联资产收购在以往的研究中往往被认为是大股东掏空上市公司的行为，并扩大信息不对称的程度。早前的研究证实资金的供求双方之间普遍存在信息不对称问题，特别是上市公司的经营决策往往不为中小股东和债权人所知，即使他们能够通过某种途径知道公司的这些行为，但是他们没有权力和能力对其施加影响。因此，上市公司存在大股东侵害债权人利益的行为，除此之外，大股东通过关联交易等手段掏空上市公司和管理层过度在职消费等代理问题也非常普遍，这些都使上市公司从外部获得融资的成本有所提高。相对股东而言，债权人的收益是固定的，他们的投资除了最后获得本金的收回外，只能获得固定的利息收入，公司的盈利状况再好，他们也不能得到额外的收入。但是如果公司的大股东和管理者存在侵占公司利益的行为时，由于债权人始终处于信息劣势，他们承受的风险不断增加，特别是在利益分配上的风险提高，债权人对债权到期能否回收的关注度加强。因此，大股东对资产评估实施操纵，会加大信息不对称的程度，使债权人的利益很难得到保证。因此，大股东的控制权越大，越有动机进行资产评估操纵，进而带来较高的债务资本成本。

在掏空组和支持组的研究中，由于掏空必然带来公司业绩的下降，未来会提高公司借债的成本；相反，支持会带来公司更好的业绩，对缓解融资问题有所帮助。因此本章提出如下假设：

假设 7-4：在第一大股东与上市公司之间的关联交易中，资产评估操纵与债务资本成本正相关。

假设 7-5：在大股东实施掏空的公司中，资产评估操纵与债务资本成本正相关。

假设 7-6：在大股东实施支持的公司中，资产评估操纵与债务资本成本负相关。

第二节　研究设计

一、样本与数据

本章的数据仍旧以前几章的资产收购关联交易相关数据为基础，剔除了计算权益资本成本和债务资本成本时存在数据缺失的样本。具体的剔除标准为：①剔除分析师预测数据缺失的样本；②剔除财务费用和负债相关的数据缺失的样本。最终得到 182 个观测值。此部分中分析师预测的数据和财务费用等数据均来自于国泰安数据库。

二、模型的设定与变量的选择

1. 权益资本成本的度量

对于如何测定公司的权益资本成本，目前尚未得出统一的结论。主要有两条思路：一是基于市场风险，从市场对风险定价的角度开展研究；二是基于收益贴现，从公司未来收益贴现的角度开展研究。从权益资本成本度量的基本理论来说，资本成本水平取决于证券市场，取决于证券市场上同等风险情况下投资者所能获得的平均报酬率水平，因此，资本成本的计量应当充分体现风险与报酬的关系。计算权益资本成本的模型主要包括：

（1）资本资产定价模型（CAPM 模型）

资本资产定价模型（Capital Asset Pricing Model，CAPM）最早是由美国学者 Sharpe、Lintner 和 Mossin 提出，以 H.Markowitz 的现代资产组合理论（Portfolio Theory of Financial Assets）为基础发展起来的。CAPM 在世界各国学术界和实务界广泛应用，并引领了西方金融理论的一场革命。

CAPM 第一次在不确定条件下，建立起资本风险与报酬的关系。风险通常可以划分为系统风险和非系统风险两种类型。系统风险（Systematic Risk）是市场中所有公司都面临的风险，它是来自公司外部环境的风险因素，这种风险无法通过证券投资组合分散化消除。非系统风险（Unsystematic Risk）是个别公司或行业所特有的，这种风险是公司的特有风险，只会影响发行股票的公司的报酬水平，对市场中其他公司不会产生影响，因而可通过合理的证券投资组合来消除。如果投资组合中的证券种类和数量不断增加，公司的非系统风险持续下降，当证券种类和数量增长到一定程度时，非系统风险下降的速度逐渐递减，最终投资组合的总风险向系统风险趋近。因此，如果非系统风险没有通过科学组合的方式予以分散的话，承担这种风险将是毫无报酬的。

承担系统性风险，意味着对整个市场所做出的贡献，提高的报酬率就是对这种风险承担的一种补偿（汪平，2008）。

CAPM 研究了在充分组合情况下的风险与要求报酬率之间的均衡关系。投资者的要求报酬率等于无风险报酬率与风险补偿之和：

$$K_E = E(R_i) = R_f + \beta_i \left[E(R_m) - R_f \right]$$

其中，$E(R_i)$ 是期望收益率；R_f 是无风险利率；β_i 是市场风险系数，它代表风险的数量，度量公司股权收益率对市场收益率的敏感性；$\left[E(R_m) - R_f \right]$ 是市场风险溢价。

资本资产定价模型是之后几年进行权益资本成本研究的基础，并随着研究的深入学者们对模型不断改进和突破。尽管它不是描述风险和收益之间关系的完美模型，并且实证结果对它的评价也意见不一，但它运用起来还是相对简单、方便的估算模型。迄今为止，在所述几种模型中，CAPM 的应用最为广泛（朱武祥，2005）。不仅如此，此模型也广泛应用在实证研究中，现已成为不同领域中决策的一个重要基础。

（2）剩余收益模型（GLS 估计模型）

2001 年，Gebhardt、Lee 和 Swaminathan 三位学者采用新的模型来估计权益资本成本——折现的剩余收益模型（GLS 估计模型）。该模型中权益资本成本等于使未来预期现金流量现值等于现行股票价格的内涵报酬率。该模型如下：

$$P_0 = bps_0 + \sum_{i=1}^{11} \frac{(ROE_t - r_{gls})bps_{t-1}}{(1+r_{gls})} + \frac{(ROE_{12} - r_{gls}) \times bps_{11}}{r_{gls} \times (1+r_{gls})^{11}}$$

其中，ROE_t 是 t 年预期净资产收益率，等于 eps_t/bps_{t-1}，其中 bps 是每股净资产，r_{gls} 是权益资本成本。在 GLS 模型中取 $t = 12$，并划分为两个阶段。前三年里，可以利用分析师预测的数据，从第四年开始，假定公司的 ROE 向行业 ROE 历史数据（过去 9 年）的中位数等差回归。该模型的缺点主要包括：第一，对未来 ROE 的预测。ROE 等差回归的假设在实际中可能不成立，因此影响了该模型估计的准确性；第二，在现代社会企业多元化、混合经营的背景下，对公司所属行业的划分比较困难，也加大了该模型应用的难度。

（3）Easton 模型（ES 模型）

2004 年 Easton 建立了 ES 模型来度量权益资本成本，该模型假设公司的长期增长率和下一期每股股利为零、短期每股收益增长率为正，具体公式如下：

$$r_{easton} = \sqrt{(eps_2 - eps_1)/P_0}$$

其中：r_{easton} 代表权益资本成本，eps_2 代表第二期的每股收益，eps_1 代表第一期的每股收益，P_0 代表零期的每股股价。

与其他模型相比，ES 模型具有其自身的特色，这主要体现在该模型对股利政策没有限制，股利政策不受限制给予学者更多的机会来研究股本溢价，也能够以公司为单位来预测收益和风险，从理论上加以解释。

（4）KR 估计模型

2009 年，Kryzanowski 和 Rahman 基于 Easton 模型得出了权益资本成本的估计公式，他们对 Easton 模型关于短期每股收益增长为正的假设给予放宽，该模型简称为 KR 模型：

$$r_{kr} = \sqrt{(\bar{g} * eps_1)/P_0}$$

其中 r_{kr} 代表权益资本成本，eps_1 代表第一期的每股收益，$\bar{g}$ 未来数期每股收益增长率的均值。该模型要求的参数最少，他们所有的分析师预测数据仅含未来一年，长期的每股收益增长率预测也仅涉及一年，因此，要求各个参数的估计精度非常高。

我国的学者对权益资本成本的几个度量模型的可靠性进行了对比研究。在当前资本市场和市场经济发展情况下，GLS 模型并不是最合适的资本成本计算模型。在田高良等（2011）的文献中，他们比较了 GLS 模型、Easton 模型和 KR 模型的适用性。研究发现采用 Easton 模型计算得出的权益资本成本，与中国上市公司真实权益资本成本较贴近，计算结果的可靠性和科学性较高，能够作为中国上市公司权益资本成本的代理变量。在之后的 2012 年，毛新述等给予了 Easton 模型充分的肯定，尤其在捕捉风险因素的影响方面，Easton 模型比 GLS 模型表现突出。他们指出，虽然 GLS 模型在世界范围内研究权益资本成本的文献中很常见，但是其在文献中的实证检验中的结果差强人意。

通过学者们的研究，我们发现 ES 模型是最适合我国目前经济发展阶段和拟合最好的计算模型。因此，本书采用此模型来度量权益资本成本的大小。

2. 资产评估操纵与权益资本成本模型

本章构建以下模型来分析资产评估操纵对权益资本成本的影响：

$$R_{ES}=\alpha_0+\alpha_1 ABREV+\alpha_2 ROA+\alpha_3 TOBINQ+\alpha_4 OPRISK+\alpha_5 TURNOVER+$$
$$\alpha_6 SIZE+\alpha_7 LEV+\alpha_8 AREA+\alpha_9 INDUSTRY+\alpha_{10} YEAR+\varepsilon$$

3. 资产评估操纵与债务资本成本模型

本书构建以下模型来分析资产评估操纵对债务资本成本的影响：

$$R_{DEBT}=\alpha_0+\alpha_1 ABREV+\alpha_2 ROA+\alpha_3 TOBINQ+\alpha_4 OPRISK+\alpha_5 TURNOVER+$$
$$\alpha_6 SIZE+\alpha_7 LEV+\alpha_8 AREA+\alpha_9 INDUSTRY+\alpha_{10} YEAR+\varepsilon$$

4. 变量的定义

（1）被解释变量

权益资本成本：如前文所述，我们采用 ES 模型来计算权益资本成本。

债务资本成本：为考察资产评估操纵对债务资本成本的影响，并结合数据的可获得性，本书借鉴 Pittmanand Fortin 以及蒋琰的方法，将利息总支出占公司长短期债务总额的比率作为债务资本成本。短期负债是资产负债表中的短期借款项目，长期负债是 1 年内到期的长期借款、应付债券、长期应付款和其他长期负债的总和。

（2）控制变量

资产收益率（ROA），指净利润与总资产的比值，用来衡量公司的营利性。

托宾 Q（TOBINQ），用来控制成长性的影响。

经营风险（OPRISK），指应收账款、应收票据和其他应收款三项占总资产的比重，即应收款比例。应收项目的多少能够反映经营风险水平，也就是说应收项目占总资产的比例越高，这些款项在未来不能收回的风险越高，也就是说经营风险越大。因此，应收款比例可以用来衡量受经营风险影响的程度。

总资产周转率（TURNOVER），指营业收入与期初和期末平均总资产的比值。用来控制全部资产的经营质量和利用效率。

此外，模型还将公司规模（SIZE）、资产负债率（LEV）、行业（INDUSTRY）和年度（YEAR）设为控制变量。

第三节 实证分析

一、描述性统计

表 7-1 是对模型中主要变量描述性统计的结果。对表 7-1 进行分析可知，样本的权益资本成本（RES）均值是 11%，最大值为 25.5%，最小值为 3.5%，中位数是 11%。而债务资本成本（RDEBT）的均值为 5.09%，最大值为 28.66%，最小值为 0，中位数是 5.08%。非正常评估增值率（ABREV）均值是 32.1%，最大值为 289.8%，最小值为 −45.9%，中位数是 0。资产收益率（ROA）的均值为 12.5%，托宾 Q 的均值为 1.655，经营风险变量（OPRISK）均值为 13.5%。资产周转率（TURNOVER）均值为 82.91%。

表 7-1 主要变量的描述性统计

variable	mean	sd	min	max	p25	p50	p75
RES	0.110	0.0433	0.0355	0.255	0.0777	0.110	0.130
RDEBT	0.0509	0.042	0	0.2866	0.0268	0.0508	0.0619
ABREV	0.216	0.538	−0.373	1.529	−0.109	0	0.371
ROA	0.125	24.14	−97	27.80	1.480	4.060	7.240
TOBINQ	1.655	0.756	0.820	5.011	1.131	1.431	1.905
OPRISK	0.135	0.107	0.00450	0.489	0.0579	0.125	0.177
TURNOVER	0.8291	0.5024	0.0196	2.31	0.4926	0.6785	1.007
SIZE	22.54	1.268	20.19	26.49	21.70	22.36	23.22
LEV	0.509	0.188	0.0890	0.842	0.377	0.525	0.648

二、单变量分析

表 7-2 是变量之间的相关系数，从表中可以看出，各变量之间的系数均未超过 0.5，不存在多重共线性。

表 7-2 主要变量的 Pearson 相关系数

变量	RES	RDEBT	ABREV	ROA	TOBINQ	OPRISK	TURNOVER	SIZE	LEV
RES	1								
RDEBT	0.028 (0.7269)	1							
ABREV	−0.069 (−0.3554)	0.126 (0.1030)	1						
ROA	0.002 (−0.9776)	0.143** (0.0629)	−0.049 (−0.4936)	1					
TOBINQ	−0.231*** (−0.0017)	−0.186** (0.0151)	0.004 (−0.9579)	0.242*** (0.0005)	1				
OPRISK	−0.102 (−0.1702)	0.056 (0.4663)	0.110 (−0.1189)	0.240*** (0.0006)	0.328*** (0.0000)	1			
TURNOVER	−0.027 (0.7128)	0.029 (0.7076)	−0.0640 (−0.367)	0.672*** (0.0000)	0.125* (0.0769)	0.387*** (0.0000)	1		
SIZE	0.076 (−0.3052)	0.173** (0.0245)	−0.026 (−0.7149)	0.103 (0.1459)	−0.357*** (0.0000)	−0.249*** (0.0004)	0.135* (0.0562)	1	
LEV	−0.022 (−0.7711)	0.3154*** (0.0000)	−0.068 (−0.3371)	0.194*** (0.0057)	−0.184*** (0.0088)	0.026 (0.7117)	0.304*** (0.0000)	0.408*** (0.0000)	1

备注：***表示在 1% 水平上显著，**表示在 5% 水平上显著，*表示在 10% 水平上显著。

三、多变量分析

1. 资产评估操纵与权益资本成本的多变量分析

表 7-3 是资产评估操纵与权益资本成本之间关系（**假设 7-1**）的全样本回归结果。在回归结果中，非正常评估增值率（ABREV）的系数是 0.0204，并且在 1% 的水平上显著为正（T=3.54）。这一结果表明大股东与上市公司之间的资产收购关联交易中，非正常评估增值率越高，权益资本成本也越高，说明大股东对资产评估结果的操纵提高了权益资本成本，这就验证了**假设 7-1**。

表 7-3　资产评估操纵与权益资本成本回归结果

变量	系数	T 值
ABREV	0.0204***	3.54
ROA	−0.0002	−1.36
TOBINQ	−0.0006	−0.11
OPRISK	−0.0120	−0.39
TURNOVER	0.0001	0.82
SIZE	0.0043*	1.67
LEV	−0.0037	−0.18
AREA	−0.0038**	−2.32
CONS	0.0309	0.47
INDUSTRY	YES	
YEAR	YES	
N	182	
R2_a	0.4721	

备注：*** 表示在 1% 水平上显著，** 表示在 5% 水平上显著，* 表示在 10% 水平上显著。

表 7-4 是对掏空组和支持组分别进行回归的结果，分组回归的结果

展现了一定的差异性。在掏空组中，资产评估操纵与权益资本成本存在显著的正相关关系（T=3.73），表明如果大股东出于掏空上市公司的目的，与上市公司进行关联资产收购交易时，资产评估操纵程度越大，权益资本也越大，也就是说大股东的自利行为提高了所有股东的权益资本成本，损害了其他投资者的利益。从支持组的结果可以看出，资产评估操纵对权益资本成本影响的符号为正，但是不显著。也就是说当大股东出于支持上市公司的目的时，交易会带来全体股东资本成本的降低，但是降低的结果并不明显。实证结果验证了**假设 7-2**，但是**假设 7-3** 并未得到验证。

表 7-4 掏空组和支持组回归结果对比

变量	掏空组		支持组	
	系数	T 值	系数	T 值
ABREV	0.0294***	3.73	−0.0250	0.66
ROA	−0.0004*	−1.72	0.0001	0.69
TOBINQ	0.0013	0.16	−0.0100	−1.58
OPRISK	−0.0720*	−1.68	0.0361	0.49
TURNOVER	0.0001	1.51	−0.0000	−0.34
SIZE	0.0026	0.63	0.0044	1.19
LEV	−0.0027	−0.09	0.0035	0.12
AREA	−0.0031	−1.17	−0.0053**	−2.15
CONS	0.0814	0.87	0.0605	0.68
INDUSTRY	YES		YES	
YEAR	YES		YES	
N	105		77	
R2_a	0.2205		0.1662	

备注：*** 表示在 1% 水平上显著，** 表示在 5% 水平上显著，* 表示在 10% 水平上显著。

2. 资产评估操纵与债务资本成本的多变量分析

表 7-5 是对资产评估操纵与债务资本成本之间关系的全样本回归结果。从结果来看，资产评估操纵前面的系数为 0.0617，并且在 10% 的水平上显著为正（T=1.77）。说明，从总体上看，在资产收购关联交易中，权益资本成本与非正常评估增值率存在正相关关系，也就是说大股东操纵资产评估结果的行为，提高了债权人的成本。因此，验证了**假设 7-4**。

表 7-5　资产评估操纵与债务资本成本回归结果

变量	系数	T 值
ABREV	0.0617*	1.77
ROA	0.0035***	2.99
TOBINQ	−0.0854***	−2.76
OPRISK	0.3867*	1.73
TURNOVER	−0.0012***	−2.63
SIZE	0.0072	0.38
LEV	0.4147***	3.33
AREA	−0.0241**	−2.33
CONS	−0.0047	−0.01
INDUSTRY	YES	
YEAR	YES	
N	182	
R2_a	0.18147	

备注：*** 表示在 1% 水平上显著，** 表示在 5% 水平上显著，* 表示在 10% 水平上显著。

表 7-6 报告了掏空组和支持组分别进行回归的结果。从表中可以看出，掏空组中，非正常评估增值率（ABREV）的系数为正，但是并不显著，说明大股东基于掏空的目的进行的交易，提高了债务资本成本，但是结果并不明显。支持组中，非正常评估增值率的系数为负，也不显著，说

明大股东基于支持上市公司进行的关联交易,在一定程度上降低了债务资本成本,但是降低的结果并不显著。因此,在两组分别回归的结果中,非正常评估增值率的系数均不显著,也就是说**假设 7-5**、**假设 7-6** 都未通过验证。

表 7-6 掏空组和支持组回归结果对比

变量	掏空组		支持组	
	系数	T 值	系数	T 值
ABREV	0.0185	0.45	−0.0314	−0.14
ROA	0.002	1.41	0.0073***	3.69
TOBINQ	−0.0775**	−2.35	−0.0863	−1.29
OPRISK	0.6857***	2.86	0.0261	0.06
TURNOVER	−0.0019***	−3.44	−0.0009	−1.17
SIZE	0.0158	0.66	0.0010	0.04
LEV	0.1609	1.09	0.6530***	3.14
AREA	−0.0084	−0.64	−0.0312*	−1.98
CONS	−0.1785	−0.32	0.0647	0.10
INDUSTRY	YES		YES	
YEAR	YES		YES	
N	101		69	
R2_a	0.1609		0.3579	

备注:*** 表示在 1% 水平上显著,** 表示在 5% 水平上显著,* 表示在 10% 水平上显著。

四、稳健性检验

为检验结果的稳健性,另采用资产评估操纵的第二种衡量方法来对资产评估操纵对权益资本成本和债务资本成本的影响。

本章借鉴原红旗等(2009)的方法,利用 Jones 模型的原理,计算出正常的资产评估增值率(VAR),模型中的残差即为非正常资产评估增值率。陆德民（1998）对资产评估增值因素的分析发现，资产评估增值率总体上的影响因素包括：固定资产比重、总资产投资报酬率。因此，本章在计算正常的资产评估增值率时加入了这几个因素。另外不同行业资产的差异性较大，会对资产评估增值率具有较大的影响，因此模型中加以控制。不同年度的物价指数也不尽相同，资产评估的增值率在不同的通货膨胀水平下差异性也很大，因此模型中加入了年度变量。

本章用下面的模型确定第二种方法正常的资产评估增值率：

$$VAR=\alpha_0+\alpha_1 PERC+\alpha_2 ROA+\alpha_3 AREA+\alpha_4 INDUSTRY+\alpha_5 YEAR+\varepsilon$$

非正常评估增值率与权益资本成本的回归结果如表 7-7 所示。从回归的结果来看，解释变量的影响与前面的研究一致，控制变量的符号与显著性与前面的回归也较一致。因此，回归结果较稳健。

表 7-7　资产评估操纵与权益资本成本的稳健性检验

变量	系数	T 值
ABREV	0.0125***	3.70
ROA	−0.0001	−0.62
TOBINQ	0.0016	0.29
OPRISK	−0.0139	−0.43
TURNOVER	0.0001	0.42
SIZE	0.0059*	1.98
LEV	−0.0039	−0.18
AREA	−0.0037**	−2.13
CONS	−0.0196	−0.27
INDUSTRY	YES	
YEAR	YES	
N	182	
R2_a	0.46043	

备注：*** 表示在 1% 水平上显著，** 表示在 5% 水平上显著，* 表示在 10% 水平上显著。

非正常评估增值率与权益资本成本的回归结果如表 7-8 所示。在表 7-8 中，非正常评估增值率前面的系数的显著性与前面的研究一致，其他变量也不存在较大的差异。因此，回归结果较稳健。

表 7-8 资产评估操纵与债务资本成本的稳健性检验

变量	系数	T 值
ABREV	0.0567*	2.53
ROA	0.0020***	5.22
TOBINQ	0.0631	1.14
OPRISK	0.2710	1.05
TURNOVER	−0.0005*	−2.40
SIZE	0.0246	1.42
LEV	0.2798**	2.87
AREA	−0.0150	−1.54
CONS	−0.6948	−1.48
INDUSTRY	YES	
YEAR	YES	
N	182	
R2_a	0.38440	

备注：*** 表示在 1% 水平上显著，** 表示在 5% 水平上显著，* 表示在 10% 水平上显著。

第四节 本章小结

本章主要在前人研究的基础上，分析了资产评估操纵对公司权益资本成本和债务资本成本的影响。这也是本书从第二个角度对资产评估操纵经济后果的考察。

本章的实证研究主要包括两个部分：第一部分分析了资产评估操纵对权益资本成本的影响。权益资本成本的度量采用了广泛应用的 ES 模型。这一结果表明大股东与上市公司之间的资产收购关联交易中，非正常评估增值率越高，权益资本成本也越高，说明大股东对资产评估结果的操纵提高了权益资本成本。第二部分分析了资产评估操纵对债务资本成本的影响。研究结果表明，在资产收购关联交易中，债务资本成本与非正常评估增值率存在正相关关系，大股东操纵资产评估结果的行为，提高了债权人的成本。

本章除了对全样本进行了回归分析，也对分样本进行了分组回归讨论。其中，关于权益资本成本的分组研究中，掏空组的资产评估操纵与权益资本成本存在显著的正相关关系，表明如果大股东资产评估操纵程度越大，权益资本也越大，损害了其他投资者的利益。从支持组的结果来看，资产评估操纵对权益资本成本影响的符号为正，但是不显著。也就是说当大股东出于支持上市公司的目的时，交易会带来全体股东资本成本的降低，但是降低的结果并不明显。关于债务资本成本与非正常评估增值率的分组研究中，得到的结果不存在显著性。

从研究结果来看，不管大股东是出于掏空还是支持上市公司的目的进行的资产评估操纵行为，从总体上来说，都损害了其他投资者和债权人的利益，提高了他们的成本和风险。这主要是因为大股东操纵交易中标的资产的行为是其较高的控制权的体现，较高的控制权也带来了较高的信息不对称程度，加大了外部投资者和债权人的风险。因此，应该对大股东的这一行为进行规范。

第八章　结论与展望

本章作为全书的总结部分，主要对本书的研究结论做一个全面概括和总结，得出一些启示，并在此基础上试图针对资产评估操纵的大股东行为提出政策建议。本章的最后指出本研究的不足之处，并以此为未来的进一步研究提供方向。

第一节　研究结论

在股权集中的公司中，大股东持股比例较高，他们能够参与公司的生产经营、对管理者实施监督，大股东是公司实际的经营者。股东与管理者之间的代理冲突并不显著，这些公司中大股东存在的主要代理问题是大股东与中小投资者之间的利益冲突，他们之间的代理问题主要体现在大股东通过其较高的控制权决定公司的决策时，更多地反映大股东的行为，中小投资者的利益无法得到保护。大股东有动力和能力通过资产收购关联交易来掏空和支持上市公司，实现其利益最大化的目的。

但是在交易过程中，大股东究竟通过什么方式来实现其目的？以前的研究并未涉及。

自 20 世纪 80 年代开始，随着市场经济的发展，资产评估在我国出现和不断发展起来，迄今为止已经有 20 多年的时间。资产评估行业经历了从无到有、从小到大的发展过程，如今资产评估在维护社会主义市场经济秩序、保护各类产权主体合法权益中正发挥着不可替代的作用，现已成为我国发展迅速的一个经济鉴证类服务机构。任何事物的发展，特别是在达到成熟前，都不会一帆风顺，总会伴随着各种不规范和监管不到位的问题，资产评估的发展也不例外。

在近几年，资产评估机构与被评估单位串通操纵评估结果的事件不断出现，已经引起了各方的关注。因此，本书基于资产收购关联交易，主要关注了以下几个问题：资产评估操纵所反映的大股东行为是掏空还是支持？这种操纵的影响因素有哪些？以及资产评估操纵的经济后果（对资本成本的影响）是什么？

通过理论分析和实证检验，本书对上述问题依次进行了分析，并利用计量手段逐一加以验证。现将本书的主要结论归纳如下。

一、资产评估操纵受多方面的影响

本书采用 2007—2012 年大股东与上市公司进行资产收购关联交易作为研究样本，验证了资产评估操纵的影响因素。本书将资产评估操纵的影响因素分为四类：大股东的操纵能力、大股东的操纵意愿、评估机构与方法和交易本身的特征，在分析的过程中还控制了市场化水平、公司规模、产权性质、行业和年度等因素的影响。

通过实证检验，我们发现：

第一，大股东的操纵能力越强，非正常评估增值率越高。即第一大股东持股比例越高，大股东拥有的控制权越大，他们能够在更大的程度上影响公司的行为，说明大股东的操纵能力，能够影响最终的操纵结果。

第二，大股东的意愿对非正常评估增值率的影响分为两类：当公司的资产负债率较低时，大股东通过资产评估操纵来掏空上市公司的意愿较强，即在掏空的样本中，资产负债率与非正常评估增值率负相关；相反，当资产负债率较高时，大股东通过资产评估操纵来支持上市公司的意愿较强，即在支持的样本中，资产负债率与非正常评估增值率正相关。

第三，评估机构的声誉与非正常评估增值率的关系不显著，说明我国对高质量的评估报告需求不足，在当前经济发展中，资产评估还是主要基于制度上的规定，资本市场中对资产评估的需求不足。在不同评估方法的选择上，成本法和市场法与非正常评估增值率负相关，说明采用成本法和市场法进行的资产评估，能够在一定程度上减少大股东进行资产评估操纵的行为。而收益法的运用对非正常评估增值率的影响不显著，说明收益法不能起到降低非正常评估增值率的作用。

第四，资产收购关联交易中，标的资产中固定资产所占比重与非正常评估增值率正相关，说明标的资产中固定资产越多、价值越大，大股东进行资产评估操纵的可能性越大。进一步说明，不同的资产类型对资产评估的操纵程度存在影响。另外，采用现金支付方式的资产收购关联交易，非正常评估增值率较低，但是采用股票支付方式在一定程度上提高了非正常评估增值率。分组的研究，我国发现股票支付方式有利于大股东通过资产评估操纵来掏空上市公司；而现金支付方式更利于大股东通过资产评估操纵来支持上市公司。

二、资产评估操纵的存在会损害投资者的利益

在资产评估操纵的经济后果的考察中，本书采用资产评估报告公告日作为事件日，通过事件研究法来研究资产评估报告公布所引起的短期和长期市场反应，得到了以下结论：

第一，在事件日前后较短的时间内，累计超额收益率发生了显著的变化，这说明资产评估结果的披露对有效市场来说是具有信息含量的。但是在资产评估报告公布前后，市场累计超额收益率的提高较短暂，在公布两天后这种影响不复存在，并且累计超额收益率降到0以下，也就是说，大股东的资产评估操纵行为总体上损害了投资者的利益；在后续的多元回归分析中，作者进一步发现资产评估操纵对累计超额收益率的影响，从而分析其市场反应。在资产评估结果公告的前两天，市场对事件的发生已经有所预期，并做出了反应。在资产评估结果公告的当天，市场反应最为剧烈，并且超额收益率达到最大值。但是在[2，4]窗口，非正常评估增值率与累计超额收益率的关系变为负相关。也就是说，非正常评估增值率损害了投资者的利益。

第二，大股东掏空的上市公司产生了消极的市场反应，而大股东支持的上市公司为股东带来了超额收益。这种差异在资产评估结果公告后的两天逐渐消失，市场反应趋于平缓。由此可见，大股东掏空的样本中累计超额收益率显著低于支持样本，进而说明，掏空样本中，大股东操纵资产评估的行为损害投资者利益的程度更大。

三、资产评估操纵会提高权益资本成本

股份公司为获得权益融资需要发行股票，在此过程中需要付出一定的代价，这就是权益资本成本。股份公司的这种代价，是现有股东将资金投入到公司而不能投向其他地方的一种机会成本，从股东的角度来说，权益资本成本是股东投资所要求的最低报酬率。在我国股权集中、一股独大现象较为普遍，大股东往往直接参与企业战略决策和日常经营管理，从事实上来讲，他们经营公司，是公司真正的管理者。基于信号理论，公司实际的经营管理者相比外部投资者、中小投资者具有信息优势。大股东与上市公司之间的资产收购关联交易中，大股东通常具有动机和能力影响交易定价，以实现其掏空或支持上市公司的目的。

本书以上市公司与大股东之间的资产收购关联交易作为研究样本，实证检验了权益资本成本与资产评估操纵之间的关系。通过研究发现，在上市公司与大股东之间的资产收购关联交易中，权益资本成本与非正常评估增值率正相关，说明大股东对资产评估结果的操纵提高了权益资本成本，加大了上市公司获得资金的机会成本，也说明大股东的操纵行为提高了外部投资者的风险。

关于权益资本成本的分组研究中，掏空组的资产评估操纵与权益资本成本存在显著的正相关关系，表明如果大股东资产评估操纵程度越大，权益资本也越大，损害了其他投资者的利益。从支持组的结果来看，资产评估操纵对权益资本成本影响的符号为正，但不显著。也就是说当大股东出于支持上市公司的目的时，交易会带来全体股东资本成本的降低，但是降低的结果并不明显。

四、资产评估操纵会提高债务资本成本

债务资本成本是企业通过负债融资所需付出的代价，债务资本成本

的高低也表明企业在一定时间内，通过借款和发行债券获得资金的难易程度。以往的研究对关联交易进行了深入的探讨，他们往往视关联交易为大股东掏空上市公司的行为，外部利益相关者通常将关联交易视为消极信号，但他们却很难了解到交易的真正目的，难以对交易实施监督和干预，因此，关联交易扩大了公司内部和外部之间的信息不对称。早前的研究证实资金的供求双方普遍存在信息不对称问题，上市公司存在侵害债权人利益的能力。例如，大股东通过关联交易等掏空上市公司、管理层过度在职消费等代理问题，使上市公司外部融资成本增大，提高了债权人的风险。另外，相对投资者而言，债权人往往处于信息劣势，使他们在利益分配上承担较大风险，债权人非常关注债权到期能否回收。因此，大股东对资产评估实施操纵，会加大信息不对称的程度，使债权人的利益很难得到保证。因此，大股东的控制权越大，越有动机进行资产评估操纵，进而带来较高的债务资本成本。

本书实证分析了资产评估操纵对债务资本成本的影响。研究结果表明，在资产收购关联交易中，权益资本成本与非正常评估增值率存在正相关关系，大股东操纵资产评估结果的行为，提高了债权人的成本。关于债务资本成本与非正常评估增值率的分组研究中，得到的结果不存在显著性。

综上所述，本书认为资产评估操纵受多方面因素的影响，这些因素分别来自上市公司、评估机构、交易本身和市场环境。通过对资产评估操纵的经济后果研究，我们发现不管大股东是出于掏空还是支持上市公司的目的进行的资产评估操纵行为，都损害了其他投资者和债权人的利益，提高了他们的成本和风险。这主要是因为大股东操纵交易中标的资产的行为是其较高的控制权的体现，较高的控制权也带来了较高的信息不对称程度，加大了外部投资者和债权人的风险。因此，应该对大股东的这一行为进行规范和约束。

第二节 政策建议

本书经过理论研究和实证分析，发现资产评估操纵损害了投资者的利益，也提高了外部利益相关者（股东和债权人）的成本和风险。因此，应该对资产评估操纵加以控制和规范。基于以上的研究结论、资产评估的现状和大股东的操纵行为带来的影响，本书提出以下三方面的政策建议。

一、改善并购重组中资产评估的质量

目前我国并购评估时间较短，实际运行仍然存在很多问题。例如，评估人员与委托人和被评估资产所有者之间的独立性不够，存在着许多相互串通和影响评估结果的行为，导致评估结果有失公允性、合理性。要改善目前资产评估行业的乱象、降低并购重组交易中操纵资产评估结果的行为，特别是关联交易中的操纵行为，使评估结果更加接近资产的真实价值，应该改善并购重组中资产评估的质量，具体来说，应该建立规范的评估环境，加强对评估机构的监管，并加快评估人员的培养。

1. 建立规范的评估环境

经过 20 多年的发展，我国资产评估行业目前以《国有资产评估管理办法》为最高的资产评估专门法规，各地方资产评估管理部门颁布的规章制度是该法规的补充，近几年资产评估方面的立法和准则及规范方面都有了一定的进展。但是，随着我国市场经济越来越发达，对资产评估的需求也越来越旺盛，目前的法律体系仍然不能满足市场的要求，因此，应该加快建立规范的资产评估法律法规体系，特别应该注重现有法律法规的规范。

选择适当的评估方法是资产评估工作的基础性环节，评估方法选择的科学性和合理性是影响评估结论的重要因素。因此在立法过程中，必须对各种评估方法的适用范围和标准给出明确的规定。在法律上要明确各种评估方法的适用条件，以及各种方法的执行程序。在对评估方法的选择上，要使评估人员有法律依据，并且应该对目前评估人员随意选择评估方法的行为给予适当的惩罚。纵观现状，我国现阶段进行的资产评估，在评估方法的选择上，随意性较大，各种评估方法的评估结论差异性也较大。因此，加强对资产评估的立法，能够改善这种状况，使评估人员做到独立、公开和公平，实现评估结果的客观和公正。

2.加大对评估机构的监管力度

作为社会主义市场经济中成长起来的中介组织，资产评估机构如今已经成长为我国产权交易中不可缺少的一部分。当前我国对评估机构的监管力度不够，造成并购中评估机构与上市公司串通影响评估结果的行为屡见不鲜。从本质上来说，出现这一现象主要源于评估机构的责任和权力的不匹配，评估机构进行违规操作将获得较高的收益，但是如果这一行为被监管部门发现受到的惩罚力度较轻，这就使得他们铤而走险，不断追求这种违规带来的高回报，惩罚措施起不到应有的震慑作用。从这个角度来说，应该加强对评估行业的行政监管，主要包括制定行业管理制度和执业准则，规定市场准入的具体条件和要求，监督评估法律法规及相关规则的实施情况，以及对违法行为的处罚等。

资产评估行业是我国自律性行业之一，资产评估协会作为行业自律性的管理机构，是评估机构的主要管理部门。资产评估协会应该结合行业特点和资本市场中对评估行业的发展要求，逐步健全行业自律的相关制度，行业自律主要体现在资产评估协会应该组织实施注册资产评估师考试、评估执业人员和机构的注册和评估人员的后续教育、调解和解决会员之间的纠纷、处理会员申诉和鉴定评估报告等，行业自律制度应该将评估人员、评估机构和评估业务等全部纳入进来，做到全面和多方位的管理。

3.加快评估人员的培养和队伍建设

资产评估人员是企业并购重组中重要的参与者，他们的评估结果对交易的定价具有非常重要的影响。现阶段，我国经济活动越来越复杂，市场交易形式越来越多样，对评估师的要求也越来越高，市场对德才兼备的评估师需求不断增大。评估人员作为评估工作的具体实施者，其道德水平和业务能力能够对评估的结果产生实质性的影响。由此可见，应该制定相应的资产评估人员职业道德准则和执业管理办法，并加强评估人员的培养和后续教育，使其具备较高道德水平和专业能力，以保证评估结果起到真正的估值、评价的作用。在工作过程中，加强评估人员职业道德准则的建设，这是资产评估人员严格遵守评估准则、提高评估质量的关键，评估人员良好的职业道德能够维护各方主体的利益。

当下,我国的资产评估人员在对产权交易标的资产实施评估过程中,存在如下不足或缺陷:①专业能力不足,如在无形资产评估、企业整体价值评估等方面;②评估方法的运用存在一定缺陷,如主观地确定具体参数,致使评估质量受到严重影响;③存在与委托方或被评估单位之间的串谋,进而影响评估结论的现象。针对这些不足,应该加强评估人员的培养和教育工作。首先,加强对评估人员专业知识和职业道德的培训教育,特别是在新制度和规定出台之后的职业培训,并从根本上提升评估人员接受新事物和新知识的技能和水平。其次,创造评估人员之间进行沟通和交流的平台,建立科学的后续教育激励机制。可让评估人员每年都参加规定的后续培训教育,作为评估人员日常工作考核、晋升的主要依据。最后,培训评估机构项目责任人和负责人的创新思维和管理水平。

二、加强对中小投资者利益的保护

1. 完善中小投资者利益保护的制度

我国对中小投资者的法律保护还有待进一步加强,应该从股票发行制度、交易制度和信息披露制度等入手,不断完善和改进法律制度的规定,以提高中小投资者保护程度和效率。首先,要降低外部中小投资者对公司内部人的监督成本,以保障他们的知情权,这可以通过立法来实现。例如,在对上市公司信息披露的要求中,更加注重具有针对性的信息披露,从形式上来说,披露的信息应该具有真实性、准确性、完整性和及时性,以利于中小投资者阅读。对于内幕消息应该实施更加严格的监管,一旦发现必须重罚。其次,对公司内部人员的可信度要有监督机制,这可以通过改善法律法规的实施体系来实现。例如,不断完善中小投资者的投票机制,创新上市公司股东大会的会议形式,鼓励上市公司采用网络投票的方式来表决会议事项。最后,优化中小股东投资回报制度。对于上市公司的利润分配,特别是现金股利部分,建立上市公司的诚信档案,对于未达到股份分配要求的上市公司,不允许其进行股权再融资。

2. 加强对关联交易的监管

对于上市公司与大股东间的关联交易，应该实施更为严格的交易前审查、交易中的监管和交易后的追查机制。特别是交易前，应该进行严格的交易前审查，从源头上减少关联交易对中小投资者的危害。对于关联交易中管理者和大股东的失职行为，应该追究其法律责任，并实施经济处罚。同时相关部门应严格审查关联交易中的控股股东，以确认他们是否存在不规范的行为，特别是集团公司和控股公司中的控股股东，因为他们拥有足够的能力对关联交易施加影响，以满足他们的私利。因此，应该完善关联交易的管理制度，实施更为严格的信息披露要求，确保关联交易不侵害中小投资者的利益。

3. 优化我国的股权结构

我国的上市公司股权集中度非常高，甚至控股股东"一股独大"都是十分常见的现象。这种现象的直接后果是关联交易更加肆意泛滥，上市公司经营管理的独立性难以实现。股权的高度集中，公司的大股东控制着高层的经营管理人员，其利益即为上市公司的战略行为。频繁的大规模的资产关联交易、追求多元化发展战略、追求外延式规模扩张等已经成为我国上市公司并购重组表现的一些基本特征，这些特征深刻地反映了控股股东追求自身私利、侵害外部股东的财产的普遍现实情况。由此可见，股权集中损害了中小投资者利益，降低投资者保护效率。但是现阶段我国的社会经济和社会发展，决定了我国采用高度分散的股权结构不具有合理性，因为无法避免地会出现一部分小股东"搭便车"，以及经理层控制上市公司的不利局面。因此，适当分散、合理制衡的股权结构是我国上市公司一种较合理的股权结构模式。股权的适当分散、合理制衡意味着上市公司多个大股东同时存在，这类股权结构可以通过引入具有战略性的机构投资者来实现。这一股权结构的优势在于几个大股东的共存能够降低对中小股东利益的侵占行为，并且这些大股东必然相互制衡、相互牵制，使得个别大股东无法肆无忌惮地掠夺上市公司财产。因此，我们可以说这种股权结构是现阶段最适合我国的股权结构，它同时具有分散股权和股权相对集中的好处。

三、加强对债权人利益的保护

1. 加强关联交易信息的公开

大股东与上市公司进行的关联交易，对于债权人来说往往不具有更多的知情权，他们只能通过阅读上市公司的关联交易公告等信息来了解和知悉交易相关事项。我国应该从法律上规定债权人具有关联交易的知悉权，他们应该能够具有了解关联交易事实的权利，并以此判断交易中债权人利益是否受到影响。针对债权人利益受到关联交易影响时，他们应该行使债权人异议申诉权，通常是告知的主要内容。为确保债权人有效地提出异议申诉，告知中不但要明确债权人享有申诉权，而且要明确其提出的方式和时间。

2. 加大法定盈余公积金的强制规定

可以借鉴德国股份公司法，从法律上强制要求上市公司提取更大比例的法定公积金，对于关联公司之间转移盈余的行为应该规定最高限额，并要求上市公司对债权人提供担保，一旦关联交易使得债权人的利益受损，他们有权要求上市公司为其损失进行赔偿，做到对债权人的事前保护。另外，还应该从法律上明确控股股东、董事和监事在关联交易中的责任，使他们各司其职，一旦出现通过关联交易从上市公司转移资产的行为，应该严格追究上述人员的责任。除此之外，对于大股东与上市公司的不公正关联交易，当上市公司出现破产等极端情况时，应该禁止大股东用其对上市公司的债券来抵消上市公司享有的补偿请求权。如果大股东和上市公司同时面临破产，为使各关联方的债权人公平受偿，应规定合并各成员公司的债务和财产。

第三节　研究局限与展望

研究资产评估操纵的文献较少，本书虽然在这方面进行了一定的尝试，但不可避免地存在很多不足之处。这些不足之处也是后续进一步研究的主要契机。

第一，对资产评估操纵的度量可能存在一定的误差。虽然本书的研究已尽量准确地度量资产评估操纵，但是出于数据的可获得性，度量方式的准确性还有待进一步检验。因此，今后还应进一步立足于资产评估业务本身，更多地分析资产评估过程中可操纵的因素，以确定资产评估操纵的程度。

第二，模型的建立可能存在不完备的情况，由于前人对资产收购中的评估结果操纵影响因素的研究没有现成的模型，自行建立的模型在变量的选取方面可能不够完备，研究可能存在噪音，这对实证结果的稳健性可能会产生一定的影响。

第三，关于资产评估操纵与资本成本的研究，前人的研究并未涉及，本书只是一个新的尝试。由于数据量的限制，研究的结论可能不具有十分的代表性，特别是在债务资本成本的研究中，本书未取得实质性的研究结论，还有待进一步研究。

第四，在研究的过程中，并未直接考虑标的资产的性质对研究结论的影响，因为在资产收购关联交易中，标的资产的类型不限于厂房、建筑物、在建工程、土地使用权、采矿权、存货等，不同标的资产的评估操纵程度可能存在差异，但是限于资产评估过程和具体方法的复杂性，本书并未加以区分。这既是本书涉及尚浅之处，又是将来的研究方向之一。

后　记

时光总是太匆匆，转眼间博士毕业已两年，攻读博士学位期间我专注于资本市场并购重组、交易定价的研究，鉴于我对该领域的研究兴趣，在博士后工作站的研究工作中继续对该领域进行了更为深入和系统的研究，本书作为我在博士后工作站研究工作的主要研究成果如今即将付梓出版，心中不免感慨万千！

感谢我的博士后导师叶陈刚教授。在我步入工作岗位一年之际，有幸成为叶老师的学生，跟随其从事博士后研究工作，这为我的科研之路提供了更高的平台。恩师学识渊博，尽职尽责，在我的研究工作中给予了悉心的指导，在生活上对学生关怀备至，无微不至地帮助和支持学生。恩师前沿而深厚的学术造诣，从容、豁达、身体力行的做人风格，不仅使我明白了许多待人接物与为人处世的道理、懂得了如何规划自己的人生，更让我去思考如何有意义地生活。在此向恩师表示深深的敬意和最诚挚的感谢。

感谢对外经济贸易大学提供给我的良好的科研环境和齐备的科研条件，让我的博士后研究工作能够顺利开展。在国际化的对外经济贸易大学里，我感受到了多元化、开放的学术氛围，接触到了相关研究领域的知名学者，不仅拓宽了我的学术视野，还激发了我很多的学术灵感。感谢国际商学院的专家学者们给我以学术启迪和指导，让我受益终生。感谢同门的师兄弟姐妹在生活和工作中给予我的诸多关照，没有你们的帮助，此研究成果难以成功出版。

在整理本书书稿的过程中，还让我回忆起三年读博的学习生活，心里百感交集、思绪万千。三年，是我人生中一段不短的时光，是我人生履历中浓墨重彩的一笔。三年的博士生活承载了我太多情感和期望，如今再也感觉不到往日的辛苦，仅余说不出的感慨与不舍。再次站在人生的路口，蓦然回首，总有些事刻骨铭心，总有些人需要感恩。

感谢我的博士导师李爽教授。恩师为人正直、待人真诚、求真务实、对科研孜孜不倦，这些都是我需要学习的。他治学严谨、睿智宽容、乐观豁达，这些更是我人生追求的目标。科研路漫漫，面对挫折，李老师百折不挠的人生态度，让我倍受鼓舞。也许，这所有的一切算是一种精神传承吧！感谢李爽老师对我的指导和帮助，我的博士论文从选题、方案选择、实际撰写，导师都为我提出了大量的意见和建议，这为我的博士论文成功地通过答辩起到了至关重要的作用。在提纲设计、开题撰写的过程中，老师多次帮助我对论述内容进行重新思考，指出其中不连贯的、错误的部分，帮助我更加顺利地完成了博士论文的撰写。

感谢中央财经大学给予我这样一个难得的学习机会，在这里我再次接受了人生的洗礼；感谢会计学院，为我提供一个自由、开放的学术氛围，在这里我可以毫无顾忌地汲取知识的力量；感谢知识渊博的孟焰教授、王君彩教授、刘红霞教授、祁怀锦教授、王瑞华教授、鲁桂华教授、李晓慧教授、潘秀丽教授、周宏教授、余应敏教授、吴溪教授、袁淳教授、李玲教授等，正是他们耐心细致地指导，才使我的研究能够顺利完成。感谢博士同师门的陈旭霞、周晓惠、余德慧、王勇，对我的支持和鼓励；感谢博士活动室一起学习的王艳林、邹燕、吴祥、牛晓叶、王震、王海滨、徐洪波、林晚发、彭红星、王秀婷、贾莹丹等，有了你们陪伴，我的博士论文和我的生活才越来越丰富、越来越完美；感谢杨思静、王莉婕、吴作凤、王钰娜、唐雪华、赵艳轲等对我的关心和帮助，你们是我一生的朋友；感谢会计学院2011级博士班的所有同学，是你们陪伴我一起成长。

　　感谢我的父母，"父母之爱，比山高、比海深"，父母经常关心我的生活，为我牵肠挂肚，无怨无悔地付出父母能付出的所有。感谢父母对我的理解和关怀，是你们为我提供了一个宁静、温暖的港湾，让我能集中精力、完成学业。

　　感谢蔡云龙同学十二年来对我的关心和支持，从高中相识时的年少懵懂，一路走来，我们一起成长、不断进步，我相信我们都会遵守彼此的约定，一直携手相伴未来人生之路。

　　感谢所有关心和帮助过我的人，感谢你们曾经带给我的温暖。

　　谨以此书献给所有关怀、帮助、支持、鼓励我的亲人、师长、同事和朋友们！

崔　婧
2016 年 6 月

参考文献

[1] 陈骏，徐玉德．并购重组是掏空还是支持——基于资产评估视角的经验研究 [J]．财贸经济，2012（9）：76-84．

[2] 陈琪．我国上市公司经营性资产质量评价与成长性研究 [J]．中南财经政法大学学报，2012（1）：134-140．

[3] 陈茸．资产重组对我国上市公司绩效的影响及实证分析 [J]．重庆大学学报（自然科学版），2004（4）：151-158．

[4] 陈涛，李善民．支付方式与收购公司财富效应 [J]．证券市场导报，2011（2）：49-53．

[5] 陈小悦，肖星，过晓艳．配股权与上市公司利润操纵 [J]．经济研究，2000（1）：30-36．

[6] 陈晓，王琨．关联交易、公司治理与国有股改革——来自我国资本市场的实证证据 [J]．经济研究，2005（4）：77-86．

［7］ 陈信元，黄俊．政府干预、多元化经营与公司业绩［J］．管理世界，2007（1）：92-97．

［8］ 陈信元，叶鹏飞，陈冬华．机会主义资产重组与刚性管制［J］．经济研究，2003（5）：13-22．

［9］ 陈宇，杨华，伍利娜．关联股权交易不同支付方式下的投资者收益研究——来自中国A股市场的经验证据［J］．会计研究，2008（11）：55-62．

［10］ 陈宇．关联股权收购支付方式的影响因素分析［J］．财务与会计，2008（9）：25-27．

［11］ 程凤朝，刘家鹏．上市公司并购重组定价问题研究［J］．会计研究，2011（11）：40-46．

［12］ 程凤朝，刘旭，温馨．上市公司并购重组标的资产价值评估与交易定价关系研究［J］．会计研究，2013（8）：40-46．

［13］ 邓跃辉．资产评估与会计操纵——来自上海股市的经验数据［J］．证券市场导报，2002（3）：39-42．

［14］ 丁希炜．上市公司最终控制人特征对股权再融资成本的影响［J］．中南财经政法大学学报，2008（6）：125-130．

［15］ 高琳，鲁杰钢．上市公司并购重组企业价值评估收益法应用研究［J］．中国资产评估，2011（6）：17-21．

［16］ 耿建新．证券市场中的资产评估及其账项调整问题探讨［J］．会计之友，1999（8）：38-40．

［17］ 贺建刚，刘峰．大股东控制、利益输送与投资者保护——基于上市公司资产收购关联交易的实证研究［J］．中国会计与财务研究，2005（3）：101-170．

［18］ 贺勇．制度效应与控股股东支持行为研究［D］．长沙：中南大学，2011．

［19］ 胡亚权，周宏．高管薪酬、公司成长性水平与相对业绩评价［J］．
会计研究，2012（5）：22–28.

［20］ 黄世忠．股份制改制中资产评估若干问题的探讨［D］．厦门：厦门
大学，1995.

［21］ 雷光勇，刘慧龙．大股东控制、融资规模与盈余操纵程度［J］．管
理世界，2006（1）：129–136.

［22］ 雷华锋．并购重组中的股权投资协议及其价值评估［J］．中国资产
评估，2012（11）：19–20.

［23］ 李东平，黄德华，王振林．"不清洁"审计意见、盈余管理与会计师
事务所变更［J］．会计研究，2001（6）：51–57.

［24］ 李麟，李骥．企业价值评估与价值增长［M］．北京：民主与建设出版
社，2001.

［25］ 李姝，赵颖，童婧．社会责任报告降低了企业权益资本成本吗？——
来自中国资本市场的经验证据［J］．会计研究，2013（9）：64–70.

［26］ 李增泉，孙铮，王志伟．"掏空"与所有权安排——来自我国上市公
司大股东资金占用的经验证据［J］．会计研究，2004（12）：3–13.

［27］ 李增泉，余谦，王晓坤．掏空、支持与并购重组——来自我国上市
公司的经验证据［J］．经济研究，2005（1）：95–105.

［28］ 刘白兰，邹建华．关联交易、代理冲突与中小投资者保护［J］．证
券市场导报，2009（6）：55–63.

［29］ 刘峰，贺建刚，魏明海．控制权、业绩与利益输送——基于五粮液
的案例研究［J］．管理世界，2004（8）：102–110.

［30］ 刘捷，王世宏．公司价值评估模型的适用性分析［J］．财会通讯（综
合版），2006（3）：15–16.

［31］ 陆德民．上市改组过程中的资产评估：一项实证研究［J］．会计研
究，1998（5）：10–17.

［32］ 陆德民．上市公司资产评估偏差成因的实证研究［D］．上海：上海
　　　 财经大学，2000.

［33］ 路晓燕．公允价值会计——基本理论分析与我国的初步实证证据
　　　 ［M］．北京：经济科学出版社，2008.

［34］ 吕长江，赵宇恒．ST 公司生命轨迹的实证分析［J］．经济管理，
　　　 2006（4）：44-51.

［35］ 马忠，陈彦．金字塔结构下最终控制人的盘踞效应与利益协同效
　　　 应［J］．中国软科学，2008（5）：91-101.

［36］ 毛新述，叶康涛等．上市公司权益资本成本的测度与评价［J］．会
　　　 计研究，2012（11）：12-22.

［37］ 上海证券交易所中国资产评估协会联合课题组．上市公司 2009 年度
　　　 并购重组资产评估专题报告［R］．2010.

［38］ 宋绍清．中国上市公司内部控制信息披露制度性研究［M］．北京：
　　　 经济科学出版社，2010.

［39］ 宋献忠，田立军．控制权和现金流权分离、财务杠杆与企业投资行
　　　 为［J］．经济与管理研究，2010（11）：81-87.

［40］ 孙士霞．中国上市公司信息披露与资本成本关系研究［D］．北京：
　　　 首都经贸大学，2007.

［41］ 唐宗明，蒋位．中国上市公司大股东侵害度实证分析［J］．经济研究，
　　　 2002（4）：44-50.

［42］ 田高良，李超，罗进辉．权益资本成本估计方法在中国背景下的可
　　　 靠性检验研究——基于中国资本市场数据的经验证据［C］．第十届
　　　 中国实证会计国际研讨会论文，2011.

［43］ 汪平，李光贵，巩方亮．资本成本，股东财富最大化及其实现
　　　 程度研究——基于中国上市公司的经验检验［J］．中国工业经济，
　　　 2008（4）：110-118.

［44］ 王建中，李海英．企业价值评估的 DCF 模型实证研究［J］．中国资产评估，2004（7）：9-13.

［45］ 王竞达，瞿卫菁．创业板公司并购价值评估问题研究——基于我国2010 年、2011 年创业板公司并购数据分析［J］．会计研究，2012（10）：26-34.

［46］ 王竞达，刘辰．上市公司并购价值评估方法选择比较研究［J］．财会通讯，2011（11）：57-61.

［47］ 王竞达．上市公司资产评估与交易定价关系研究——基于 2010 年上市公司数据分析［J］．经济与管理研究，2012（5）：107-114.

［48］ 尉京红．我国资产评估质量问题研究［D］．天津：天津大学，2007.

［49］ 肖时庆．证券市场资产评估问题研究［D］．厦门：厦门大学，2001.

［50］ 谢纪刚，张秋生．股份支付、交易制度与商誉高估［J］．会计研究，2013（12）：47-52.

［51］ 谢军．股利政策，第一大股东和公司成长性：自由现金流理论还是掏空理论［J］．会计研究，2006（4）：51-57.

［52］ 徐玉德，洪金明．资产重组中评估价值相关性的经验研究——基于A 股市场的实证分析［J］．中央财经大学学报，2010（2）：91-96.

［53］ 徐玉德，齐丽娜．以交易为目的的资产评估价值相关性研究——来自 A 股市场的经验证据［J］．中国资产评估，2010（4）：11-15.

［54］ 徐玉德．公允价值的引入及其专业价值评估［J］．中国资产评估，2007（5）：31-33.

［55］ 严绍兵，王莉莹，仲崇敬，吕文杰．中国上市公司资产交易中评估结果与交易价格之间差异的研究［J］．中国资产评估，2008（5）：34-39.

［56］ 杨华．资产评估与上市公司并购重组［J］．中国资产评估，2004（4）：6-8.

［57］ 杨记军，逯东，杨丹.国有企业的政府控制权转让研究［J］.经济研究，2010（2）：69－82.

［58］ 杨忆.论资产评估实证研究假设——与陆德民博士商榷［J］.会计研究，1998（11）：28－29.

［59］ 姚曦，杨兴全.市场化进程、财务报告质量与投资现金流敏感性探讨［J］.现代财经，2012（4）：77－89.

［60］ 余明桂，夏新平，吴少凡.公司治理研究新趋势——控股股东与小股东之间的代理问题［J］.外国经济与管理，2004，26（2）：28－32.

［61］ 原红旗，王纪伟，杨静.上市公司股份制改制中资产评估操纵的动机及其经济后果［J］.中国会计与财务研究，2008，10（3）：64－111.

［62］ 原红旗，杨静.资产置换的动机及其经济后果［R］.工作论文，2005.

［63］ 原红旗.上市公司股份制改制中资产评估操纵的动机及其经济后果［D］.上海：上海财经大学，2009.

［64］ 苑德军，郭春丽.股权集中度与上市公司价值关系的实证研究［J］.财贸经济，2005（9）：62－67.

［65］ 岳公侠，李挺伟，韩立英.上市公司并购重组企业价值评估方法选择研究［J］.中国资产评估，2011（6）：12－17.

［66］ 张宏霞，陈泉.基于东软创投的风险投资公司价值评估研究［J］.经济与管理，2010（3）：67－71.

［67］ 张鸣，郭思永.大股东控制下的定向增发和财富转移——来自中国上市公司的经验证据［J］.会计研究，2009（5）：78－86.

［68］ 张为国，张莉.新型中国证券市场中的资产评估［J］.国有资产管理，

1999（12）：11-13.

［69］张祥建，郭岚. 资产注入、大股东寻租行为与资本配置效率［J］.
金融研究，2008（2）：98-112.

［70］张祥建，裴峰，徐晋. 上市公司核心能力盈利性与成长性的实证研
究——以"中证·亚商上市公司 50 强"为例［J］. 会计研究，2004
（7）：72-77.

［71］张新. 并购重组是否创造价值？——中国证券市场的理论与实证研
究［J］. 经济研究，2003（6）：20-29.

［72］赵坤，朱戎. 企业价值评估方法体系研究［J］. 国际商务财会，
2010（12）：32-35.

［73］赵立新，刘萍. 上市公司并购重组企业价值评估和定价研究［M］.
北京：中国金融出版社，2011：63-144.

［74］赵善学，施超. 上市公司并购重组企业价值评估增值情况研究［J］.
中国资产评估，2011（8）：6-11.

［75］赵世阔. 信息透明度与控制权私利研究［D］. 大连：东北财经大学，
2011.

［76］周勤业，夏立军，李莫愁. 大股东侵害与上市公司资产评估偏差
［J］. 统计研究，2003（10）：39-44.

［77］朱滔. 多元化并购能给股东创造价值吗？［J］. 管理世界，2006（3）：
129-137.

［78］左志方. 事件风险、有限参与和资产价格重估——基于搜寻理论的
一个竞争性均衡模型［J］. 南开经济研究，2009（5）：135-142.

［79］Aboody D., Barth M. E., Kasznik R.. Revaluations of Fixed Assets
and Future Firm Performance: Evidence from the UK［J］. *Journal of
Accounting and Economics*，1999，26（2）：149-178.

［80］ Aghion P., P. Bolton. An Incomplete Contracts Approach to Financial Contracting ［J］. *The Review of Economic Studies*, 1992, 59（3）: 473–494.

［81］ Aharony J., Wang J., Yuan H..Tunneling as an Incentive for Earnings Management during the IPO Process in China ［J］. *Journal of Accounting and Public Policy*, 2010, 29（1）: 1–26.

［82］ Aharony J., Lee C.. Financial Packaging of IPO Firms in China ［J］. *Journal of Accounting Research*, 2000, 38（3）: 103–126.

［83］ Ai Dandan. Asset Revaluation in China Value Relevance and Timeliness ［R］. Working paper, 2007.

［84］ Alchian A., Demsetz H., Production, Information Costs, and Economic Organization ［J］. *American Economic Review*, 1972, 62（4）: 777–795.

［85］ Almeida H., Wolfenzon D..A Theory of Pyramidal Ownership and Family Business Groups ［J］. *Journal of Finance*, 2005, 61（6）: 2637–2680.

［86］ Amir E., Harris T.S., Venuti E.K.. A Comparison of US versus Non–US GAAP Accounting Measures Using Form 20–F Reconciliations ［J］. *Journal of Accounting Research*, 1993, 31（2）: 230–275.

［87］ Bae et al.. Intragroup Propping: Evidence from the Stock–Price Effects of Earnings Announcements by Korean Business Groups ［J］. *Rewiew of Financial Studies*, 2008: 21（5）: 2015–2060.

［88］ Bae K.H., Kang J.K., Kim J. M.. Tunneling or Value Added? Evidence from Mergers by Korean Business Groups ［J］. *Journal of Finanee*, 2002, 57（8）: 2695–2740.

［89］ Baek J.S., Kang J.K., Park K.S.. Corporate Governance and Firm

Value: Evidence from the Korean Financial Crisis ［J］. *Journal of Financial Economics*, 2004, 71（2）: 265–313.

［90］ Ball R., G. Foster. Corporate Financial Reporting: A Methodological Review of Empirical Research ［J］. *Journal of Accounting Research*, 1982, 20（2）: 161–234.

［91］ Barclay M. J., Clifford G.. Holderness.Private Benefits from Control of Public Corporations ［J］. *Journal of Financial Economics*, 1989, 25（2）: 371–395.

［92］ Barlev B., Fried D., Haddad J. R., et al. Reevaluation of Revaluations: A Cross–Country Examination of the Motives and Effects on Future Performance ［J］. *Journal of Business Finance & Accounting*, 2007, 34（7–8）: 1025–1050.

［93］ Barth M. E., Clinch G.. Revalued Financial, Tangible, and Intangible Assets: Associations with Share Prices and Non–Market–Based Value Estimates ［J］. *Journal of Accounting Research*, 1998, 36（2）: 199–233.

［94］ Barth M.E., Clinch, G.. International Accounting Differences and their Relation to Share Prices: Evidence from UK, Australian, and Canadian Firms ［J］. *Contemporary Accounting Research*, 1996, 13（1）: 135–170.

［95］ Bebchuk, L.A.. A Rent–Protecting Theory of Corporate Ownership and Control ［R］. NBER Working Paper, 1999.

［96］ Berkman H., Cole R.A., Fu L.J.. Expropriation through Loan Guarantees to Related Parties: Evidence from China ［J］. *Journal of Banking and Finance*, 2009, 33（1）: 141–156.

［97］ Berle A., Means G..The Modern Corporation and Private Property ［M］.

New York: Macmillan, 1932.

［98］Bernard V. L.. Discussion of An Investigation of Revaluations of Tangible Long–Lived Assets ［J］. *Journal of Accounting Research*, 1993, 31 （5）: 39–45.

［99］Bertrand M., Metha P., Mullainathan, S.. Ferreting out Tunneling: An Application to Indian Business Groups ［J］. *Quarterly Journal of Economics*, 2002, 118 （7）: 121–148.

［100］Black F., Jensen M. C., Scholes M.. The Capital Asset Pricing Model: Some Empirical Tests, Studies in the Theory of Capital Market ［M］. New York: Praeger Publishers, 1972.

［101］Black et al. Earning Management Using Asset Sales: An International Study of Countries Allowing Noncurrent Asset Revaluation ［J］. *Journal of Business Finance and Accounting*, 1998, 25 （9–10）: 1287–1317.

［102］Black F.. Beta and Return ［J］. *Journal of Portfolio Management*, 1993, 20 （1）: 8–18.

［103］Boubaker S., Labegorre F..Ownership Structure, Corporate Governance and Analyst Following: A Study of French Listed Firms ［J］. *Journal of Banking and Finance*, 2008, 32 （5）: 961–976.

［104］Brockman P., Chung D.Y.. Investor Protection and Firm Liquidity ［J］. *Journal of Finance*, 2003, 58 （6）: 921–937.

［105］Brown P., et al.. Fixed Asset Revaluations and Managerial Incentives ［J］.*Abacus*, 1992, 28 （1）: 36–57.

［106］Cahan S. F., et al.. Value Relevance of Mandated Comprehensive Income Disclosures ［J］. *Journal of Business Finance & Accounting*, 2000, 27 （9）: 1233–1265.

[107] Chang, Sea Jin. Ownership Structure, Expropriation, and Performance of Group–affiliated Firms in Korea [J] . *Academy of Management Journal*, 2003, 46（3）: 238–253.

[108] Chen S., X. Chen, Q. Cheng. Do Family Firms Provide More or Less Voluntary Disclosure? [J] . *Journal of Accounting Research*, 2008, 46（3）: 499–536.

[109] Cheung Yan–Leung et al.. Tunneling and Propping up: An Analysis of Related Party Transactions by Chinese Listed Companies [J] . *Pacific–Basin Finance Journal*, 2009, 17（3）: 372–393.

[110] Cheung Y.L., Rau P.R., Stouraitis A.. Tunneling, Propping, and Expropriation: Evidence from Connected Party Transactions in Hong Kong [J] . *Journal of Financial Economics*, 2006, 82（2）: 343–386.

[111] Chou P. et al.. Do Industries Matter in Explaining Stock Returns and Asset–pricing Anomalies? [J] . *Journal of Banking & Finance*, 2012, 36（2）: 355–370.

[112] Claessens et al.. Disentangling the Incentive and Entrenchment Effects of Large Shareholdings [J] . *Journal of Finance*, 2002, 57（10）: 2741–2771.

[113] Claessens S., Fan J.. Corporate Governance in Asia: A Survey [J] . *International Review of Finance*, 2002（1）: 71–103.

[114] Coffee J.C. The Rise of Dispersed Ownership: The Roles of Law and the State in the Separation of Ownership and Control [J] . *The Yale Law Journal*, 2001, 111（1）: 1–82.

[115] Cotter J.. Asset Revaluations and Debt Contracting [J] . *Abacus*, 1999, 35（3）: 268–285.

［116］Cotter et al.. Asset Revaluations and Assessment of Borrowing Capacity ［J］. *Abacus*, 1995, 31（2）: 136–151.

［117］Courtenay S. M., Cahan S. F.. The Impact of Debt on Market Reactions to the Revaluation of Noncurrent Assets ［J］. *Pacific–Basin Finance Journal*, 2004, 12（2）: 219–243.

［118］De Bondt, Thaler. Does the Stock Market Overreact? ［J］. *The Journal of Finance*, 1985, 40（3）: 793–805.

［119］Denlsetz H., K. Lehn.The Structure of Corporate Ownership: Cause and Consequence ［J］. *Journal of Political Economy*, 1985, 93（6）: 1155–1177.

［120］Djankov S. et al.. The Law and Economics of Self–dealing ［J］. *Journal of Financial Economics*, 2008, 88（3）: 430 –465.

［121］Doan P., Lin C., Zurbruegg R.. Pricing Assets with Higher Moments: Evidence from the Australian and US Stock Markets ［J］. *Journal of International Financial Markets*, *Institutions and Money*, 2010, 20（1）: 51–67.

［122］Durnv A., E. Han Kim.To Steal or Not to Steal: Firm Attributes, Legal Environment, and Valuation ［J］. *The Journal of Finance*, 2005, 60（3）: 1461–1493.

［123］Dyck Alexander, LuigiZingales.Private Benefits of Control: An International Comparison ［J］. *The Journal of Finance*, 2004, 59（2）: 537–600.

［124］Easton P. D., Eddey P. H., Harris T. S.. An Investigation of Revaluations of Tangible Long–Lived Assets ［J］. *Journal of Accounting Research*, 1993, 31（1）: 1–38.

［125］Easton P. D.. Discussion of Revalued Financial, Tangible, and

Intangible Assets: Association with Share Prices and Non–Market–Based Value Estimates [J]. *Journal of Accounting Research*, 1998, 36 (2): 235–247.

[126] Ehrhardt Olaf, Eric N.. Private Benefits and Minority Shareholder Expropriation (or What Exactly are Private Benefits of Control) [C]. EFA. Annual Conference Paper, 2003.

[127] Emanuel D. M.. Asset Revaluations and Share Price Revisions [J]. *Journal of Business Finance & Accounting*, 1989, 16 (2): 213–227.

[128] Ervin L. Black, keith F.S., Tracy S.M.. Earnings Management Using Asset Sales: An International Study of Countries Allowing Noncurrent Asset Revaluation [J]. *Journal of Business Finance & Accounting*, 1998, 25 (10): 1287–1317.

[129] Faccio M., Lang L., Young L.. Dividends and Expropriation [J]. *The American Economic Review*, 2001, 91 (1): 54–78.

[130] Faccio M., Stolin D.. Expropriation vs. Proportional Sharing in Corporate Acquisitions [J]. *Journal of Business*, 2006, 79 (11): 1413–1444.

[131] Fama E. F., MacBeth J. D.. Risk, Return and Equilibrium: Empirical Test [J]. *Journal of Political Economy*, 1993, 81 (5): 607–636.

[132] Fama E., French K. R.. The Cross–section of Expected Stock Returns [J]. *Journal of Finance*, 1992, 47 (4): 427–465.

[133] Fan Joseph P.H., Wong T.J., Tianyu Z.. Politically Connected CEOs, Corporate Governance, and Post–IPO Performance of China's Newly Partially Privatized Firms [J]. *Journal of Finance and Economices*, 2007, 84 (3): 330–357.

[134] Friedman E., Simon J., Todd M.. Propping and Tunneling [J].

Journal of Comparative Econnomics, 2003, 31（4）: 732–750.

［135］Gaeremynck R., V.. The Revaluation of Assets as a Signalling Device a Theoretical and an Empirical Analysis［J］. *Accounting and Business Research*, 1999, 29（2）: 123–138.

［136］Gao L., Gerhard Kling.Corporate Governance and Tunneling: Empirical Evidence from China［J］. *Pacific–Basin Finance Journal*, 2008, 16（5）: 591–605.

［137］Gaspar J., Massa M., Matos P.. Shareholder Investment Horizons and the Market for Corporate Control［J］. *Journal of Financial Economics*, 2005, （76）: 135–165.

［138］Glaeser E., Johnson S., Shleifer A.. Coase versus the Coasians［J］. *The Quarterly Journal of Economics*, 2001, 116（7）: 853–899.

［139］Gneezy U., Kapteyn A., Potters J.. Evaluation Periods and Asset Prices in a Market Experiment［J］. *The Journal of Finance*, 2003, 58（2）: 821–837.

［140］Grossman J., Oliver D. Hart.One Share–one Vote and the Market for Corporate Control［J］. *Journal of Financial Economics*, 1988, 20（11）: 175–202.

［141］Hagendorff J., Collins M., Keasey K.. Investor Protection and the Value Effects of Bank Merger Announcements in Europe and the US［J］. *Journal of Banking and Finance*, 2008, 32（10）: 1333–1348.

［142］Hail L., C. Luzi. International Differences in Cost of Capital: Do Legal Institutions and Securities Regulation Matter［R］. Working Paper, 2003.

［143］Harris M., A. Raviv.. Corporate Governance: Voting Rights and Majority Rules［J］. *Journal of Financial Economics*, 1988, 20（2）: 203–

235.

[144] He Jia. Asset Pricing Specification Errors and Performance Evaluation [J]. *European Finance Review*, 1999 (2): 205–232.

[145] Healy P. M, Palepu K. G., Ruback R. S.. Does Corporate Performance Improve after Mergers [J]. *Journal of Financial Economics*, 1992, 31 (2): 135–175.

[146] Himmelberg C., R. Hubbard, I. Love. Investment, Protection, Ownership and the Cost of Capital [R]. Working Paper, 2002.

[147] Ho C., Hung C.. Investor Sentiment as Conditioning Information in Asset Pricing [J]. *Journal of Banking & Finance*, 2009, 33 (5): 892–903.

[148] Hodges R., Mellet H.. Asset Revaluations in the Accounts of UK National Health Service Trusts [J]. *Financial Accountability & Management*, 1998, 14 (1): 57–70.

[149] Holderness C., Sheehan D..The Role of Majority Shareholders in Publicly Held Corporations [J]. *Journal of Financial Economics*, 1988, 20 (2): 317–346.

[150] Iatridis E. G., George K.. Incentives for Fixed Asset Revaluations: the UK Evidence [J]. *Journal of Applied Accounting Research*, 2012, 13 (1): 5–20.

[151] Jaggi B., Tsui J.. Management Motivation and Market Assessment: Revaluations of Fixed Assets [J]. *Journal of International Financial Management & Accounting*, 2001, 12 (2): 160–187.

[152] Jensen M. C.. Risk, the Pricing of Capital Assets, and the Evaluation of Investment Portfolios [J]. *Journal of Business*, 1969, 42 (2): 167–247.

［153］Jensen M., Meckling W..Theory of the Firm: Managerial Behavior, Agency Costs, and Ownership Structure［J］. *Journal of Financial Economics*, 1976, 3（2）: 305–360.

［154］Jerold L., Zimmerman. Taxes and Firm Size［J］. *Journal of Accounting and Economic*, 1983, 5（1）: 119–149.

［155］Jian M., T.J.Wong. Propping through Related Party Transactions［J］. *Review of Accounting Studies*, 2010, 15（1）: 70–105.

［156］Jian M., T. J. Wong. Earnings Management and Tunneling through Related Party Transactions: Evidence from Chinese Corporate Groups［R］. Working Paper, 2003.

［157］Joh S.W.. Corporate Governance and Firm Profitability: Evidence from Korea before the Economic Crisis［J］. *Journal of Financial Economics*, 2003, 68（2）: 287–322.

［158］Johnson S., La Porta R., Lopez–de–Silanes, F., Shleifer, A.. Tunneling［J］. *American Economic Review*, 2000, 90（1）: 22–27.

［159］Kaplan R. S., Roll R.. Investor Evaluation of Accounting Information: Some Empirical Evidence［J］. *The Journal of Business*, 1972, 45（2）: 225–257.

［160］Khanna T., Krishna P.. The Future of Business Groups in Emerging Markets: Long–Run Evidence From Chile［J］. *Academy of Management Journal*, 2000, 43（3）: 268–285.

［161］Khurana I. K., Kim M.. Relative Value Relevance of Historical Cost vs. Fair Value: Evidence from Bank Holding Companies［J］. *Journal of Accounting and Public Policy*, 2003, 22（1）: 19–42.

［162］Kliger D., Levit B.. Evaluation Periods and Asset Prices: Myopic Loss Aversion at the Financial Market place［J］. *Journal of Economic*

Behavior & Organization，2009，71（2）：361–371.

［163］La Porta R.，Lopez–de–Silanes F.，Shleifer A.，Vishny，R.W.. Agency Problems and Dividend Policies around the World［J］. *Journal of Finance*，2000a，55（1）：1–33.

［164］La Porta R.，Lopez–de–Silanes F.，Shleifer，A.，Vishny，R.W.. Investor Protection and Corporate Governance［J］. *Journal of Financial Economics*，2000b，58（1）：3–27.

［165］La Porta R.，Lopez–de–Silanes F.，Shleifer A.，Vishny，R.W.. Investor Protection and Corporate Valuation［J］. *Journal of Finance*，2002，57（10）：1147–1170.

［166］La Porta R.，Lopez–de–Silanes F.，Shleifer A.，Vishny，R.W.. Law and Finance［J］. *Journal of Political Economy*，1998b，106（11）：1113–1155.

［167］La Porta R.，Lopez–de–Silanes F.，Zamarripa G.. Related Lending［J］. *Quarterly Journal of Economics*，2003，119（2）：231–268.

［168］La Porta，Lopez–De–Silanes F.，Shleifer A.. Corporate Ownership around the World［J］. *Journal of Finance*，1999，54（2）：471–517.

［169］Lemmon M.，Lins K.. Ownership Structure，Corporate Governance，and Firm Value: Evidence from the East Asian financial crisis［J］. *Journal of Finance*，2003，58（10）：1445–1468.

［170］Lin Y. C.，Peasnell K. V.. Fixed Asset Revaluation and Equity Depletion in the UK［J］. *Journal of Business Finance & Accounting*，2000，27（3）：359–394.

［171］Lopes A. B.，Walker M.. Asset Revaluations，Future Firm Performance and Firm–level Corporate Governance Arrangements: New Evidence

from Brazil [J]. *The British Accounting Review*, 2012, 44 (2):
53–67.

[172] Martin T., Lally S.. Capital Charging and Asset Revaluations New Choices in Governmental Financial Reporting [J]. *The International Journal of Accounting*, 1997, 32 (1): 45–62.

[173] McConnell J., Servaes H.. Equity Ownership and the Two Faces of Debt [J]. *Journal of Financial Economics*, 1995, 39 (1): 131–157.

[174] Missonier–Piera F.. Motives for Fixed–asset Revaluation: An Empirical Analysis with Swiss Data [J]. *The International Journal of Accounting*, 2007, 42 (2): 186–205.

[175] Mork R., AndreiShlerfer, Rober W. Vishny. Management Ownership and Market Valuation: An Empirical Analysis [J]. *Journal of Financial Economics*, 1998, 20 (1): 293–316.

[176] Mueller E.. Private Benefits of Control, Capital Structure and Company Growth [R]. Working paper, 2004.

[177] Myeong–Hyeon Cho. Ownership Structure, Investment, and the Corporate Value: An Empirical Analysis [J]. *Journal of Financial Economics*, 1998, 47 (1): 103–121.

[178] Myers S.C., Majluf N. S.. Corporate Financing and Investment Decisions when Firms Have Information that Investors do not Have [J]. *Journal of Financial Economics*, 1984, 13 (2): 187–221.

[179] O'Hanlon F., Peter F. Pope. The Value–Relevance of UK Dirty Surplus Accounting Flows [J]. *The British Accounting Review*, 1999, 31 (4): 459–482.

[180] Paik G.. The Value Relevance of Fixed Asset Revaluation Reserves in

International Accounting ［J］. *International Management Review*, 2009, 5（2）: 74–81.

［181］Paik, Gyung. The Value Relevance of Fixed Asset Revaluation Reserves in International Accounting ［J］. *International Management Review*, 2009, 5（2）: 73–80.

［182］Post T., Vliet P.. Downside Risk and Asset Pricing ［J］. *Journal of Banking & Finance*, 2006, 30（3）: 823–849.

［183］Riyanto Y.E., Toolsema L.A.. Tunneling and Propping: A Justification for Pyramidal Ownership ［J］. *Journal of Banking and Finance*, 2008, 32（12）: 2178–2187.

［184］Roll R., Ross S. A.. On the Cross–sectional Relation between Expected Returns and Betas ［J］. *Journal of Finance*, 1994, 49: 101–122.

［185］Roll R.. A Possible Explanation of Small Firm Effect ［J］. *Journal of Finance*, 1981, 36（7）: 879–888.

［186］Scott Henderson J. G.. The Case Against Asset Revaluations ［J］. *Abacus*, 1992, 28（1）: 75–81.

［187］SengDyna S.. Managerial Incentives Behind Fixed Asset Revaluations ［J］. *International Journal of Business Research*, 2010, 10（2）: 254–271.

［188］Sharpe I. G., Walker R. G.. Asset Revaluations and Stock Market Prices ［J］. *Journal of Accounting Research*, 1975, 13（2）: 293–310.

［189］Shin H. H., Park Y.S.. Financing Constraints and Internal Capital Markets: Evidence from Korean Chaebols ［J］. *Journal of Corporate Finance*, 1999, 5（2）: 169–191.

［190］Shlefer A., Vishny Y. R.. A Survey of Corporate Governance ［J］.

Journal of Finance, 1997, 52（6）：737–783.

［191］Shleifer A., Wolfenzon D.. Investor Protection and Equity Markets［J］. *Journal of Financial Economics*, 2002, 66（1）：3–27.

［192］Standish P. E. M., Ung S.. Corporate Signaling, Asset Revaluations and the Stock Prices of British Companies［J］. *The Accounting Review*, 1982, 57（4）：701–715.

［193］Stark A.. Linear Information, Dynamics, Dividend Irrelevance, Corporate Valuation and the Clean Surplus Relationship［J］. *Accounting and Business Research*, 1997, 27（3）：219–28.

［194］Stephen M. Courtenay, Steven F. Cahan. The Impact of Debt on Market Reactions to the Revaluation of Noncurrent Assets［J］. *Pacific–Basin Finance Journal*, 2004, 12（2）：219–243.

［195］Watts R.L., Zimmerman. J.L. Positive Accounting Theory［M］. Englewood Cliff, NJ:Prentice–Hall, 1986.

［196］Whittred G., Yoke. K. C.. Asset Revaluations and the Mitigation of Underinvestment［J］. *Abacus*, 1992, 28（1）：58–74.

［197］Yafeh Y., OvedYosha. Large Shareholders and Banks: Who Monitors and How?［J］. *The Economic Journal*, 2003, 113（4）：128–146.

［198］Zhai. Asset Revaluation and Future Firm Operating Performance Evidence from New Zealand［D］. Lincoln: Lincoln University, 2007.

［199］Zimmerman. Taxes and Firm Size［J］. *Journal of Accounting and Economics*, 1983, 5（2）：119–149.